AF279559

Matthias Schönberg
Scha(r)f nachgedacht

Kurzgeschichten aus dem Leben eines Schafes namens Flöckchen

Matthias Schönberg
Scha(r)f nachgedacht

Kurzgeschichten aus dem Leben eines Schafes
namens Flöckchen

Impressum

Bibliografische Information der Deutschen Nationalbibliothek:
Die Deutsche Nationalbibliothek verzeichnet diese Publikation in der
Deutschen Nationalbibliografie; detaillierte bibliografische Daten
sind im Internet über http://dnb.dnb.de abrufbar.
© 2022 Matthias Schönberg - Text und Coverfoto
Herstellung und Verlag: BoD – Books on Demand, Norderstedt
ISBN: 978-3-756-1910-2

Die vier Kurzgeschichten, deren Protagonist ein Schaf mit Namen Flöckchen ist, sind allen Schafen auf den nordfriesischen Deichen gewidmet.

Ganz besonders danke ich meiner Frau Gertrud, welche sich hingebungsvoll dem Lektorat gewidmet hat und in Schafe ebenso vernarrt ist wie ich.

Inhalt

S. 7   Flöckchen und das Können oder Wollen

S. 17   Flöckchen gewinnt Freunde

S. 35   Flöckchen und der Mond

S. 57   Flöckchen und die Liebe

S. 72   Gedicht ‚Nordfriesland'

Flöckchen und das Können oder Wollen

Ein Schaf, welches auf den Namen Flöckchen hört, steht auf einem Deich, wie man sie vorzugsweise an der Nordsee vorfinden kann, und betrachtet wie schon all die Tage seines Daseins zuvor den rot-weiß gestreiften Leuchtturm - so wie man sich in der Regel einen Leuchtturm vorzustellen pflegt - der sich ganz in der Nähe befindet.

Ebenso jeden Tag grast Flöckchen auf besagtem Deich, der die meiste Zeit des Jahres über seine Heimat ist, und hat nie zuvor mehr Gedanken als notwendig an den Leuchtturm vergeudet. Sie sind Nachbarn, nichts weiter und daran wird sich auch nie etwas ändern. An diesem Tag - wie das nun mal so sein kann aber längst nicht sein muss – verhält sich die Sache anders. Doch warum? Flöckchen weiß auf diese Frage keine Antwort. Aber so sehr Flöckchen sich auch bemüht, sich die Gedanken an den Leuchtturm aus dem Kopf zu schlagen, es will ihm nicht gelingen. Selbst das saftigste Grün auf dem Deich hat gegen die Hartnäckigkeit dieses Gedankens, der sich immer weiter in Flöckchens Kopf festsetzt, keine Chance, auch wenn es dies wollte.

Flöckchen trottet bewusst gewollt und ganz gegen seine Gewohnheit zu den anderen Schafen der Herde, obwohl ihm dies gewaltig gegen die Wolle geht. Aber selbst diese Handlung, deren einziger Zweck darin besteht, an etwas anderes als an den Leuchtturm zu denken, vermag ihm nicht zu helfen, was vielleicht am nur schwach vorhandenen Willen liegen mag. Die anderen Schafe schauen Flöckchen nur gleichgültig an, vermeiden willentlich jegliche Anteilnahme am zunehmend bedrückenden, wenn nicht gar bedrohlich erscheinenden Problem ihres aus ihrer Sicht andersartigen Herdenmitgliedes. Flöckchens

Probleme sind Flöckchens Probleme und damit wollen sie nichts zu tun haben. Ob sie dies überhaupt könnten, ist eine Frage, über die keines der Schafe aus der Herde ernsthaft nachdenken will.

Das ist an sich für einen Kenner der Gepflogenheiten von Flöckchens Herde Flöckchen gegenüber nichts Außergewöhnliches, denn an die Andersartigkeit von Flöckchen haben sich die anderen Schafe zwischenzeitlich gekonnt gewöhnt. Den Lämmern wird bereits früh eingetrichtert, sich nicht von den aus der Sicht der sogenannt normalen Schafe queren Gedanken von Flöckchen irritieren zu lassen, welche von keinem der vierbeinigen Bewohner des Deiches nachvollziehbar sind. Schaf gibt sich stattdessen damit zufrieden, nicht weiter darauf einzugehen. Doch nicht genug damit, ja gar schlimmer noch: eine für gewöhnlich als naturgegebene zu erwartende Anteilnahme infolge eines Zusammengehörigkeitsgefühls innerhalb der Herde, Flöckchen zumindest ansatzweise verstehen zu wollen, glänzt durch Abwesenheit. Selbst wenn es einen diesbezüglich eventuell vorhandenen Willen gäbe, es wäre kein Kunststück vorhersehen zu können, dass Versuche in diese Richtung von wenig Erfolg gekrönt wären, selbst wenn eines der Schafe dies wollte.

Also wendet sich Flöckchen erneut dem Betrachten des Leuchtturms zu, trottet dazu konsequenterweise wieder an den Punkt auf dem Deich zurück, an welchem es von diesem sich zunehmend zu einer Herausforderung entwickelnden Thema heimgesucht worden ist. So steht Flöckchen einsam da und schaut zu dem rotweiß gestreiften Quälgeist hinüber, der ihm gewaltig den Tag verdirbt.

Aber was um alles in der Welt soll das? Nichts bewegt sich, der Leuchtturm steht einfach in der Landschaft und scheint nichts anderes zu tun zu haben, als einfach nur zu sein. Während Flöckchen also zunehmend von dem Betrachten gelähmt dasteht, keimt in ihm zuerst schleichend, aber immer penetranter werdend das unwiderstehliche Verlangen, zu dem Leuchtturm zu traben, warum auch immer.

«Können täte ich ja schon, aber wozu sollte ich das wollen?», fragt sich Flöckchen und schlackert ratlos mit den Ohren.

«Und überhaupt: Selbst, wenn ich wollte und könnte, was durchaus im Bereich des Möglichen liegt, stellt sich immer wieder die Frage nach dem Warum», hakt Flöckchen nach, als sich die tiefergehende Auseinandersetzung als nicht zufriedenstellend erweist. Darauf weiß Flöckchen beim besten Willen keine Antwort.

Könnte es sein, dass das Grün dort bei dem Leuchtturm vielleicht saftiger als hier auf dem Deich ist?

Das liegt natürlich durchaus im Bereich des Möglichen, aber Flöckchen weiß nur zu genau, dass diese Frage in keinerlei Weise der wahren Ursache dieser Gedanken gerecht wird. Flöckchen schüttelt ärgerlich den Kopf und reißt sich aus der Betrachtung los, was sich schwieriger als erwartet gestaltet, denn das lange Ausharren in derselben Haltung verursacht einen steifen Nacken, will heißen Schmerzen und die kann Flöckchen nun überhaupt nicht leiden.

«Also ‚wollen' könnte ich mir durchaus vorstellen», rekapituliert Flöckchen grasscharf, weil es das dringende Bedürfnis verspürt, einfach etwas laut von sich zu geben, auch wenn dies nur eine Möwe, die mit beachtlicher Geschwindigkeit über Flöckchen hinweg fliegt, mitbekommt, was diese zu ihrem Leidwesen erstaunt als gegeben anerkennen muss.

«Sag mal Möwe: kann und will ich?»

Die Möwe, die durch diese essentielle Frage in unangenehmer Weise in der Fortsetzung ihres Fluges gestört wird, fliegt gekonnt einen weitausholenden Bogen im strahlend blauen Himmel, kehrt zu Flöckchen zurück und ruft ihm aus der Luft zu: «Du kannst, wenn du willst! Und jetzt lass mich in Ruhe, ich habe zu tun!»

«Aha!», blökt Flöckchen glücklich. «Ich fasse also zusammen: ich kann, wenn ich will. Doch will ich das denn überhaupt?»

Die Freude über die vermeintliche Klärung des Sachverhaltes verfliegt genauso schnell, wie sich die Möwe aus dem Staub macht, nämlich in Windeseile. Abschließend bleibt Flöckchen nichts anderes übrig als die Erkenntnis, dass es einer durchaus wünschenswerten Antwort auf seine Frage keinen Schritt nähergekommen ist.

«Können täte ich, aber will ich denn auch?»

Toll, soweit ist Flöckchen schon vorher gewesen. Und nun?

Die Worte, Können' und Wollen' verknoten sich in Flöckchens Kopf, was als Folge ein Schwindelgefühl nach sich zieht.

«Wenn ich mal angenommen könnte aber nicht will, warum soll ich dann können? Was wäre, wenn ich wollte aber nicht kann? Das wäre einfacher, aber was sollte mich am Können hindern? Wie sagt man so schön? Wo ein Wille ist auch ein Weg? Leichter gesagt als getan, aber wirklich.

Das ist mehr als doof und zwar so was von, besonders für ein Schaf, das bekannt dafür ist, sich nicht entscheiden zu können.

Können täte ich, aber will ich das denn auch? Die Frage beginnt, in einer Art Endlosschlaufe, Flöckchen zunehmend zu vereinnahmen.

Flöckchen beginnt in der vagen Hoffnung, wieder zur Normalität des Denkens zurückzukehren zu können, an zu grasen. Doch selbst hierbei ist sich Flöckchen nicht sicher: «Ich könnte grasen, wenn ich wollte, doch will ich das überhaupt?»

So allmählich geht Flöckchen das Denken auf die Nerven. Flöckchen stellt sich wieder so hin, dass es den Leuchtturm in seiner ganzen Größe im Blickfeld hat, es auf diese Weise gar nicht anders kann als sich damit zu beschäftigen, selbst wenn es dies eigentlich nicht will. Das Grasen stellt in dieser schwierigen Lage keinen Ausweg aus der Misere dar, was daran liegt, dass der Leuchtturm sich im Begriff befindet, in Flöckchens Denken in geradezu beängstigender Weise einen laufend größer werdenden Raum einzunehmen.

«Können täte ich, aber will ich das denn auch?»

«Wie bekloppt muss man als Schaf eigentlich sein, um sich mit solchem Nonsens zu beschäftigen?», blökt Flöckchen klagend in die sanfte Brise, die sich glücklich schätzt, sich nicht mit solchen Fragen beschäftigen zu müssen und stattdessen lieber unbeteiligt und erfrischend über den Deich streicht.

Aber jetzt mal im Ernst: Wenn Flöckchen ehrlich zu sich selbst ist - und dies muss an dieser Stelle wirklich mal gesagt werden - die Beschäftigung mit dieser für ein Schaf völlig unüblichen Art, sich mit solchen Fragen die Zeit zu vertreiben, gefällt ihm mehr, als es sich eingestehen will. Die Frage, ob das Können hierzu im Wollen ebenso stark verankert ist, lässt sich ohne tieferes Eindringen in den Sachverhalt von Flöckchens Art zu denken nicht ohne Weiteres beantworten. In Gedanken kann man alles, egal was andere sagen oder eben nicht sagen. Es ist nichts weiter als eine Frage des Willens.

Ob es je einem der anderen Schafe seiner Herde so ergangen ist wie Flöckchen? Flöckchen weiß zumindest von keinem. Selbst es eines finden würde, welches sich in diesem Sinne äußern würde, auch auf die Gefahr hin, als willenloses Geschöpf abgestempelt zu werden, ist noch lange nicht erwiesen, dass ein sich eventuell durch diese Entdeckung erweiternder Horizont sich für Flöckchen als hilfreich erweisen würde, gewollt oder nicht sei mal dahingestellt. Eigentlich könnte sich jedes Schaf dieser geistig durchaus anspruchsvollen Beschäftigung hingeben, wenn es denn wollen täte. Flöckchen nimmt sich vor, bei Gelegenheit die Schafe seiner Herde darauf anzusprechen, doch für den Augenblick haben andere Herausforderungen höher gestellte Prioritäten.

Das Verlangen, sich endlich zu einer Entscheidung, was einen allfälligen Besuch des Leuchtturms betrifft, durchzuringen, wird immer größer, doch Flöckchen ist nun mal nicht kein Schaf von der Sorte, welches sich ohne zu überlegen in ein Abenteuer zu stürzen pflegt.

«Können täte ich, aber will ich das denn auch?»

Flöckchen betrachtet mit einem mulmigen Gefühl in seiner Magengegend von seiner Warte auf der Krone des Deiches aus den Fuß desselben. Wie weit weg dieser doch ist! Flöckchen hasst Auf- und Abstiege mehr als alles andere, was dazu führt, dass sich Flöckchen immer, soweit möglich, an dieselbe Höhe des Deiches hält, man wird ja schließlich auch nicht jünger.

Flöckchen kann oder will sich nicht entscheiden, was dazu führen könnte, dass ein allfälliger Spaziergänger, der mit seinem Hund am Deich entlang spazieren geht, ein einzelnes Schaf immer an derselben Stelle stehen zu sehen bekäme, vorausgesetzt dass er dies denn wollen täte. Doch an diesem Tag, an dem die Sonne sorglos am von auffällig abwesenden Wolken verschonten Himmel steht und die an sich friedliche Szene am Deich in den Genuss ihren wärmenden Strahlen kommen lässt, scheint kein Mensch – mit oder ohne Hund sei dahingestellt - am Deich spazieren gehen zu wollen, nicht dass dies ein Ding der Unmöglichkeit wäre.

«Können täte ich, aber will ich das denn auch?»

Diese Frage scheint sich selbst im Gras des Deiches festzusetzen, denn Flöckchen beschleicht je länger je mehr das Gefühl, dass selbst das saftigste Grün nicht sicher ist, ob es als Futter für ein Schaf, welches sich nicht entscheiden kann, seine Spitzen hinhalten soll oder nicht, nicht dass es dies nicht können täte. Eine sehr mühsame Angelegenheit, sowohl für Flöckchen wie auch für das Gras, welches für jedes andere Schaf mehr als verlockend sanft in der Brise wiegt. Doch wenn selbst das Gras nicht sicher ist, ob es gefressen werden will oder nicht, ja dann könnte es durchaus sein, dass die kleine, an sich überschaubare und von größeren Katastrophen verschont bleibende Welt am Deich Gefahr läuft, aus den Fugen zu geraten, was selbstverständlich nicht geschehen muss.

Flöckchen denkt im Verlauf des Tages, dass es an der Zeit wäre, eine Entscheidung zu treffen, gekonnt oder gewollt, oder eben auch nicht. Die Sonne will auch nicht mehr länger als unbedingt notwendig die Unentschlossenheit Flöckchens mit ansehen und ergeht sich in der Frage, ob sie vielleicht besser einigen besonders schönen schwarzen Regenwolken ihren Platz abtreten soll, denn eines ist sicher: sie könnte es, wenn sie wollte. Doch ob die Regenwolken das wollen täten, ja, darüber könnte man sich durchaus ernsthaft den Kopf zerbrechen – doch auch hier gilt: wenn man es denn wollte. Denn ob man lieber der Sonne oder den Regenwolken den Platz über dem Deich zugestehen will: können täte man, müsste aber nicht, macht bei weitem keinen so wirklichen Unterschied. Nicht, dass die Sonne nicht scheinen könnte, wenn Regenwolken vor Ort wären.

Flöckchen will sich langsam aber sicher nicht mehr mit dem Leuchtturm beschäftigen, doch so sehr es sich auch anstrengt, ihn aus seinen Gedanken zu verweisen, es will ihm nicht gelingen, denn der Leuchtturm seinerseits – und das ist von seiner Seite alles andere als fair - will, dass Flöckchens Aufmerksamkeit ihm gilt und nichts anderem. Aber die Frage sei an dieser Stelle erlaubt und bei genauerem Hinsehen durchaus berechtigt: seit wann können Leuchttürme etwas wollen? Es könnte also durchaus sein, dass wir es hier mit einem besonderen Exemplar seiner Spezies zu tun haben, was, würde es publik, Gegenstand einer umfangreichen wissenschaftlichen Untersuchung werden könnte, aber selbstverständlich nicht muss. Der Leuchtturm kann sich also gegen Flöckchens Willen in dessen Kopf festsetzen, womit wir uns vor einem sehr schwerwiegenden Problem wiederfinden: Was kann ein Schaf gegen renitente Leuchttürme ausrichten?

Könnte es zum Beispiel sein, dass zwischen den beiden so etwas wie eine Verbindung auf geistiger Ebene besteht? Vielleicht würde der Leuchtturm lieber wie ein Schaf auf dem Deich gehen können wohin er will. Andererseits könnte sich ein Schaf, wie Flöckchen eines ist, seinerseits wünschen, nicht dauernd auf dem Deich etwas tun zu müssen, wie zum Beispiel grasen, sondern nur einfach an Ort und Stelle stehen und das bis in alle Ewigkeit, wobei zu klären wäre, ab welcher Zeitspanne man von Ewigkeit sprechen kann oder muss. Man kann jedoch getrost angesichts dieser wahrscheinlich unsinnigen Überlegung davon ausgehen, dass kaum jemand auf den absurden

Gedanken, den selbstverständlichen Anspruch der Ewigkeit auf Unendlichkeit zu hinterfragen, kommen würde. So gesehen kann – muss aber nicht - die Auseinandersetzung mit dieser Thematik durchaus ernsthaft zum Nachdenken anregen, wobei die Gefahr schlafloser Nächte als Nebenwirkung von solchen geistigen Aktivitäten in Kauf genommen werden müsste.

Doch das alles hilft Flöckchen wenig - abgesehen davon kann es sich eines hervorragenden Schlafverhaltens erfreuen - denn noch immer befindet es sich in seinem tiefgreifenden Dilemma, als der Tag beginnt, sich zur wohlverdienten Neige zu begeben. Es ist logischerweise nur noch eine Frage der Zeit, bis der Abend hereinbrechen und der Leuchtturm seine Arbeit aufnehmen wird, was für die Schafe wie jeden Abend ein unübersehbares Zeichen darstellt, sich zur Nachtruhe zu begeben.

«Können täte ich, aber will ich das denn auch?»

Flöckchen wendet sich plötzlich entschlossen ab, denn es hat eine tiefschürfende Entscheidung treffen wollen und siehe da – es auch gekonnt: Ich will mich nicht mehr mit dem Leuchtturm beschäftigen! Hurra! Das Himmelsorchester lässt seine Trompeten zur Feier des Tages erschallen! Ein angenehmes Gefühl der Genugtuung breitet sich in Flöckchens Körper aus. Im Grunde ist es doch ganz simpel: Wenn man will, dann kann man auch!

Na! Geht doch! Zufrieden trottet Flöckchen wollend und könnend zu seiner Herde zurück. Der Leuchtturm sieht ihm hinterher und fragt sich, ob er Flöckchen angesichts der schnell hereinbrechenden Dunkelheit den Weg leuchten soll, denn können täte er, wenn er es denn wollte. Wir als Beobachter des Ganzen wissen natürlich, dass er es unterlässt, denn Flöckchen kennt jeden noch nicht gefressenen Grashalm auf dem Deich, was gönnerhaft und gerechtfertigt als Können eingestuft werden kann.

Flöckchen bekommt von alledem nichts mit, denn es hat sich fest vorgenommen, dem Leuchtturm keine Aufmerksamkeit mehr zu widmen und wenn doch, dann nur mitsamt der Herde, doch ob diese es je wollen wird, wissen nur die Sterne oder vielleicht auch nicht.

In der sternenklaren Nacht, welche von einem großen Vollmond erleuchtet wird, träumt Flöckchen davon, über das Meer zu fliegen und andere Leuchttürme kennenzulernen. Das ist ein wunderbarer und erfrischender Traum, denn wenn es von einem Leuchtturm die Schnauze voll hat, kann es sich problemlos und vor allem mit herrlicher Leichtigkeit anderen zuwenden. Ein paar Mal befindet sich Flöckchen kurz davor, aufzuwachen, doch es will den Traum nicht verlassen und strengt sich dementsprechend an, weiter zu träumen, was ihm gelingt, denn Flöckchen will es, ob man es glaubt oder nicht.

Flöckchen gewinnt Freunde

Es herrscht dichter Nebel, der so undurchdringlich ist, dass ihn auch der Blick des Schafes mit den besten Augen nicht zu durchdringen vermag. Vom Meer her werden immer wieder dichte Nebelschwaden über den nordfriesischen Deich getrieben, auf dem Flöckchens Herde eng beieinandersteht, um sich vor dem garstigen Wetter so gut es geht zu schützen.

Alles Wollen von Seiten der Schafe – nämlich, dass sich der Nebel verzieht - hilft nichts. So geschieht es also, dass der Nebel träge über dem Deich und vor allem in der Wolle seiner Bewohner festhängt. Und als ob dies für sich gesehen nicht schon schlimm genug wäre, sieht es zu allem Überfluss zudem nicht danach aus, dass sich der Nebel in absehbarer Zeit aufzulösen gedenkt. Aber wer weiß schon, was Nebel im Allgemeinen denken, wenn sie sich mal dafür entscheiden, Schafen auf die Wolle zu gehen. An dieser Frage haben sich schon viele intelligente Schafe die Köpfe zerbrochen nur um danach, wenn ihnen dieselben angefangen haben zu schmerzen, zu der Erkenntnis zu gelangen, dass das Denken – oder das Wollen – je nachdem welche der Optionen der Sache angemessen erscheint, in der Regel zu keinem nennenswerten Resultat zu führen pflegt. Die betroffenen Schafe können es drehen und wenden, so oft sie wollen, dem Nebel scheint es zu gefallen, sie in einen dicht-feuchten Mantel zu hüllen und ihnen damit den Tag zu verderben. Nebel in der Wolle zu haben ist eine Sache, eine weitaus ernstere stellt die Frage dar, welches Schaf schon gerne Gras frisst, in welchem sich Nebel befindet. Nebelgras? Man muss wirklich kein in Wolle gekleideter Gourmet sein um so etwas als nicht-infrage-kommend möglichst weit von sich zu weisen.

So hüllt der Nebel an diesem Tag unbeeindruckt vom Wollen der Schafe die nordfriesische Küste ein und denkt sich wahrscheinlich oder sogar ziemlich sicher nichts dabei. Warum soll er auch? Es wäre vielleicht als ein Akt der Nächstenliebe von Seiten des Nebels zu begrüßen, täte er zumindest die Möglichkeit versuchsweise in Erwägung ziehen, einen winzigen Hauch von Mitgefühl gegenüber der Befindlichkeit von Flöckchens Herde aufzubringen, anstatt den Leidgeprüften seine Macht zu demonstrieren. Nebel können, so ist es zum Leidwesen der Schafe nun mal seine Natur, unglaublich zäh und ekelhaft feucht sein, man würde es nicht glauben, stünde man nicht in diesem Augenblick, in welchem die Geschichte sich bequemt ihren Anfang zu nehmen, am Fuße besagten Deiches – genauer auf dessen dem Meer abgewandten Seite, auf welcher sich Flöckchens Herde das Eingenebelt-Sein mangels einer allfälligen Alternative gefallen lassen muss. Einige Schafe beginnen nach und nach lustlos mit dem Grasen. Sie sind nicht wirklich bei der Sache, doch was sollen sie anderes tun? Das Grasen liegt, soweit besonders schlaue Menschen - sie nennen sich Wissenschaftler - zu wissen glauben, in der Schafsnatur, auch wenn sie sich diese besagte Tätigkeit bei schönem Wetter durchaus und berechtigt als angenehmer vorstellen können. Doch der Sommer ist vorüber und die älteren Mitglieder der Herde wissen, was auf sie zukommen wird, nämlich der Herbst und mit ihm unter anderem auch Nebel.

Flöckchen kennt Nebel noch nicht. Wie soll es auch? Es ist schließlich sein erster Herbst, der sich anschickt sich mit all seinen Begleiterscheinungen, welche auch immer das sein mögen, langsam aber sicher über den Deich zu legen und allem was sich darauf befindet seinen Willen aufzuzwingen. Alles geschieht bekanntlich immer ein erstes Mal, da macht das Schicksal keine Ausnahme, auch bei Flöckchen nicht.

So staunt Flöckchen über diese seltsame Erscheinung, welche die älteren Mitglieder der Herde sorgenvoll, wenn auch nicht ausführlicher auf die Hintergründe ihrer Sorgen eingehend, einfach nur 'Nebel' nennen. Dieser aus Schafssicht ungebetene Gast ist überall, dennoch kann man ihn weder fressen geschweige denn anknabbern. Er kriecht mit der Zeit durch die Wolle und das mögen die Schafe ganz und gar nicht. Was dagegen hilft, ist – so behaupten die älteren Schafe die über den Vorteil von Wissen bezüglich im Umgang mit Nebel verfügen - Bewegung, doch wohin soll man sich als Schaf aufgrund der schlechten Sichtverhältnisse wenden? Es gibt keine Orientierung, alles sieht gleich aus, oder anders ausgedrückt: es ist zum Wolle-Ausreißen.

Flöckchen ist ein äußerst neugieriges Schaf und überhäuft die älteren Schafe umgehend und ohne auf die Mahnung seiner Mutter, eben dies nicht zu tun, zu achten, mit Fragen zum Nebel. Fazit dieser Aktion ist, dass ihm geraten wird, nicht so neugierig zu sein, mal abgesehen von den diversen Knüffen, die es als Nachdruck einstecken muss. Nebel ist Nebel und damit ist auch schon alles, was es dazu zu sagen gibt, kundgetan. Aber ist das denn genug? Normalerweise schon, würde man geneigt sein zu denken, nicht aber für Flöckchen. Es will wissen und zwar alles! Doch wieviel ist 'alles'? Der Leitwidder, der in der Regel über eine grenzenlose Geduld verfügt, die er als Oberhaupt der Herde auch haben muss, versucht ihm zu erklären, dass kein Schaf auf der Welt alles wissen könne. 'Welt', klingt irgendwie interessant. Was ist 'Welt'? Der Leitwidder, dessen Geduld – wie sich herausstellt, doch nicht so grenzenlos ist – lässt Flöckchen, nachdem seine vielfach gepriesene und von allen geschätzte Stärke wirklich und unwiderruflich ein Ende gefunden hat, einfach mit dem Hinweis stehen, dass die Welt 'alles' ist, oder anders: die Welt ist einfach die Welt und damit hat sich das Thema erledigt, zumindest aus der Sicht des Leitwidders.

Flöckchen ist enttäuscht und nimmt sich vor, 'alles' wissen zu wollen, wenn nötig auch alleine. Doch womit soll es beginnen? Mit Beobachten? Diese Art von Lernen ist aus Flöckchens Sicht nicht besonders ergiebig, denn was gibt es auf dem Deich zu beobachten? Die Herde? Das schon, aber stellt die Herde eine Garantie dar, dass Flöckchen durch das Beobachten derselben seinem Ziel auch nur einen Schritt näherkommen wird? Die Chance ist gering, mehr noch, so gut wie nicht vorhanden. Denn was macht eine Schafherde den ganzen Tag? Grasen und nochmals grasen: von einem Ende der Weide auf dem Deich zum anderen, nur um am folgenden Tag dasselbe in die entgegengesetzte Richtung zu unternehmen. Und so weiter und so fort. Gut, das stimmt so nicht ganz, denn zwischendurch lagern die Schafe auf der Weide, dösen vor sich hin und lassen sich die Brise, die des Öftern auch schon mal steif auftreten kann, durch die Wolle fahren.

Nichts, das dem Wissensdurst von Flöckchen Nahrung verschafft, geschieht normalerweise im Alltag der Schafe auf dem Deich, außer, dass der Schäfer jeden Morgen mit einem stinkenden und lauten Ding, im vorliegenden Fall ist dieses blau, angefahren kommt um sie mit Kraftfutter, welches sich in ausgeleierten Kübeln befindet, zu versorgen. Danach verschwindet der Schäfer wieder wie er gekommen ist und der Höhepunkt der Abwechslung im Tagesgeschehen der Schafe befindet sich auf dem Weg in die Vergangenheit, nur um sich am folgenden Tag von Neuem zu wiederholen.

Doch jetzt hat Flöckchen etwas vor die Schnauze bekommen, was es zu erkunden gilt, nämlich diesen ominösen Nebel. Ist Nebel vielleicht gefährlich? Oder nicht? Warum spricht eigentlich keines der Schafe über den Nebel? Flöckchen kann sich keinen Reim darauf machen. Das Watt, ja das ist gefährlich, darüber sprechen die Schafe in einem fort, aber über den Nebel?

Im Sommer, der sich bereits vom Deich und seinen Bewohnern verabschiedet hat, hatte Flöckchen Bekanntschaft mit dem Watt gemacht. Obwohl es ihm mit Nachdruck untersagt war, hatte es sich von der Herde entfernt, war auf diese komische Fläche getrabt und war - zum Schrecken aller, die sich nach einer Weile auf die Suche nach dem ungehorsamen Lamm gemacht hatten - darin stecken geblieben. Doch das war noch längst nicht der Gipfel des Schreckens gewesen, denn wie es am Meer vorkommt, hatte die Flut begonnen das Watt für ein paar Stunden zu erobern und Flöckchen hätte seinem baldigen und sicherem Ende entgegengeblickt, hätten sich nicht ein paar Menschen, die in ihrer aus Schafssicht langweiligen Tätigkeit des Umherlaufens innegehalten hatten, besorgt gezeigt, dass da draußen im Watt ein ach so niedliches Lamm feststeckt und sich nicht mehr hatte von selber befreien können. Diese Menschen, die erstaunlicherweise so viel netter als der Schäfer waren, hatten in einer gemeinsamen Aktion das Lamm aus seiner misslichen Lage befreit. Keine Minute zu spät, denn das Wasser hatte eine erstaunliche Geschwindigkeit an den Tag gelegt um das Watt in seiner Gesamtheit zu überfluten. Flöckchen hatte auf schmerzliche Weise etwas Grundlegendes gelernt, nämlich dass das Watt nichts für Schafe ist.

Das Watt kann Flöckchen deshalb nicht mehr neugierig machen. Nein, das Watt kann sich von diesem Tag an noch so anstrengen wie es will, es hat seinen Reiz auf Flöckchen verloren. Selber schuld, denkt Flöckchen und sucht stattdessen nach anderen Herausforderungen. Niemand soll behaupten, dass Schafe dumm sind, vor allem Flöckchen nicht. Flöckchen befindet sich auf bestem Wege, ein sehr intelligentes Schaf zu werden. Wenn es sich ganz fest anstrengt, wer weiß, vielleicht und sogar ziemlich sicher, wird es eines Tages das intelligenteste Schaf der Welt werden, vorausgesetzt, es wird es schaffen dem Geheimnis des Begriffes 'Welt' auf die Schliche zu kommen. Das ist notwendig, denn wie soll man etwas von etwas werden, das man nicht erklären kann?

Aber kehren wir wieder auf den Deich zurück, den der Nebel immer noch einhüllt und zwar so richtig unangenehm dicht. Flöckchen weiß sich nicht anders zu helfen als wie seine Artgenossen zu grasen. Grasen hat den Vorteil, dass man, während man vor sich hin grast, andere Dinge tun kann, wie zum Beispiel nachdenken. Aber Schaf o Schaf! Selbst das Grasen ist nicht das, wonach Flöckchen der Sinn steht, das Grasen ist einfach nur eines, nämlich wenig erbauend. Wie soll ein Schaf Lust auf nebeldurchzogenes Gras bekommen, wenn es nicht mal weiß, was Nebel eigentlich ist? Flöckchen lässt das Gras Gras sein und trabt einfach drauflos, ohne zu wissen, geschweige denn zu sehen, wohin. Während es vor sich hin trabt, macht Flöckchen eine spannende Entdeckung: obwohl es sehen kann, sieht es überhaupt nichts! Alles um Flöckchen herum sieht gleich aus, da gibt es rein nichts, das als

Orientierung dienen könnte. Ist Flöckchen an diesem Grashalm eben schon mal vorbeigekommen oder nicht? Es schnüffelt an dem Grashalm und bekommt keine Antwort, alles riecht nach Nass oder eben: Nebel. Flöckchen wiederholt das Schnüffeln an weiteren Halmen, nur um festzustellen, dass es auch dort keine Antworten erhält. Ist das eine Erkenntnis oder nicht? Mit wem soll es sich darüber austauschen? Mit dem Leitwidder? Nein, der würde sich nur dazu herablassen zu erklären, dass das halt nun mal so sei, wie alles auf dieser Welt.

Irgendwann wird Flöckchen vom Umhertraben müde und hält inne. Ein eigenartiges Gefühl hat sich in der Zwischenzeit seiner bemächtigt, nämlich Einsamkeit, was damit zusammenhängt, dass es mutterseelenallein im dichten Nebel steht. Es hat die vor sich her grasende Herde verlassen und den Weg zurück längst aus den Augen verloren. Daran ist nur dieser Nebel schuld! Im Sommer hatte Flöckchen von überall auf dem Deich seine Herde sehen können, die mal näher und mal weiter weg gewesen war. Aber jetzt? Nichts, einfach nichts. Flöckchen fühlt sich aufgrund einer aufkommenden Nervosität unbehaglich. Ein vorsichtiges In-den-Nebel-blöken verändert nichts an seiner Lage. Erinnerungen an die Watt-Erfahrung kommen hoch. Damals ist Flöckchen auch alleine gewesen, doch es ist gerettet worden. Dieses Mal wird es keine Menschen finden, die ihm aus der misslichen Lage helfen werden. Wie sollten die Menschen denn bei diesen miserablen Sichtverhältnissen auf Flöckchen aufmerksam werden? In welche Richtung liegt denn das Zurück? Hierhin oder dorthin? Flöckchen weiß es schlicht und ergreifend nicht.

So bleibt ihm nichts anderes übrig als sich seinem Schicksal zu ergeben und legt sich auf das Gras. Das ist das Einzige, was ihm in dieser trostlosen Situation einfällt und es denkt dabei an seine Mama und seine Geschwister. Soll es tatsächlich sein, dass Flöckchen im Nebel, von dem es noch immer nicht weiß, worum es sich dabei handelt, den Tod findet? Tiefschürfende Gedanken für ein junges unerfahrenes Schaf, schon klar, doch die Angst, die sich in seine Wolle neben dem Nebel breitmacht, ist nachvollziehbar. Daraus schließt Flöckchen, dass Nebel gefährlich ist und zwar nicht weniger als das Watt. Der Nebel-Tod erscheint zudem heimtückisch, denn nichts geschieht wirklich, es ist, wie wenn der Nebel keine Zeit kennt. Das Watt kennt den Rhythmus von Ebbe und Flut, aber der Nebel?

Flöckchen döst vor sich her, als plötzlich etwas an seine Flanke stößt. Erschrocken erhebt sich Flöckchen und bekommt Panik. Was ist das? Es kann nichts sehen, außer? Ja, da ist etwas, etwas, das beinahe so riecht wie es selber, es aber nicht sein kann. Nein, das ist keine Halluzination, es muss sich dabei um ein Schaf handeln, aber sicher ist sich Flöckchen nicht, denn dieses Etwas riecht anders als die Schafe seiner Herde!

«Hallo?», blökt Flöckchen vorsichtig in die Richtung des vermeintlich anderen Schafes. Nichts, das andere Schaf antwortet nicht.

«Hallo?», wiederholt Flöckchen.

«Ich bin hier!»

«Wo ist 'hier'?», will Flöckchen wissen.

«Na hier!»

«Ich sehe dich aber nicht!»

Flöckchen strengt sich ganz fest an, denn es kann beim besten Willen nichts erkennen.

«Wer bist du?», versucht Flöckchen auf andere Weise eine Antwort zu erhalten.

«Ich habe keinen Namen!»

«Das verstehe ich nicht. Jedes Schaf hat einen Namen. Ich heiße Flöckchen!»

«Schöner Name! Hallo Flöckchen!»

«Ich will zu meiner Herde! Kannst du mir sagen, wo sie ist?»

«Ja, das kann ich!»

Flöckchen hat eigentlich eine klare Antwort erwartet, aber da es diese nicht erhält, hakt es noch einmal nach. «Und wo ist sie?»

Doch das andere Schaf geht nicht auf Flöckchens Frage ein.

«Bist du nicht das Schaf, das alles wissen will?»

Flöckchen ist erstaunt.

«Ja schon. Woher weißt du das denn? Im Augenblick will ich nur wissen wo ich meine Herde wiederfinde!»

Plötzlich verändert sich der Nebel. Flöckchen kann ein Stück weit wieder die nähere Umgebung erkennen und es sieht, dass nicht weit von ihm entfernt ein Schaf steht, das nicht viel grösser als es selber ist.

«Wer bist du?», fragt Flöckchen erneut.

«Ich bin ein Schaf, das von sehr weit hergekommen ist.»

Flöckchen ist verwirrt. Wie kann das möglich sein? Wo liegt das 'von sehr weit her'?

«Woher kommst du?»

«Von überall und von nirgendwo. Ich bin immer dort, wo es mir gefällt.»

Flöckchen versteht nichts mehr. Der Gedanke, dass man als Schaf keinen Namen hat, ist schrecklich. Und es spricht nur von sich und nicht von seiner Herde. Der Gedanke, weder einen Namen noch eine Herde zu haben, übersteigt Flöckchens Vorstellungskraft bei Weitem. Auf der anderen Seite klingt das, was das seltsame Schaf sagt, interessant, nein, mehr noch: sehr interessant. Flöckchen beschließt, den Nebel und alles, was mit diesem zusammenhängt, vorübergehend zu vergessen.

«Bist du denn nicht furchtbar einsam? So ganz ohne Herde und so?» Das weitgereiste Schaf blökt fröhlich. «Wo denkst du hin? Ich habe viele Freunde. So wie du!»

«Ach? Woher willst du denn wissen, dass ich viele Freunde habe?»

«Das denke ich mir, denn jedes Schaf hat Freunde. Neugierige Schafe sind beliebt.»

Flöckchen kann nicht verhindern, dass seine Ohren anfangen zu schlackern. Jedes Schaf? Und beliebt? Letzteres kann aus Flöckchens Sicht definitiv nicht zutreffen. Flöckchen sieht sich um. Es erscheint ihm doch ein wenig eigenartig, dass es die Freunde dieses merkwürdigen Schafes nicht sehen kann. Und überhaupt! Sie befinden sich auf dem Deich, auf welchem Flöckchens Herde grast und zwar nur die. Also entweder erzählt das fremde Schaf Blödsinn oder Flöckchen hat den Überblick verloren. Das irritiert Flöckchen sehr, was dazu führt, dass es deswegen Kopfschmerzen bekommt.

«Ein paar Freunde habe ich schon, aber die wollen nicht mit mir die Welt entdecken. Was auch immer das ist, die 'Welt'. Ich bin gerade dabei, es herauszufinden», gibt Flöckchen vorsichtig von sich.

«Oh! Das tut mir leid. Aber weißt du was? Wollen wir beide Freunde sein? Mich interessiert die Welt nämlich auch!»

Flöckchen setzt sich ohne es zu wollen auf sein Hinterteil. Ist das wirklich wahr? Flöckchen kann es kaum glauben. Es spürt einen

Augenblick lang den Worten des fremden Schafes nach und fühlt plötzlich, wie sich eine wohlige Wärme in seinem Inneren auszubreiten beginnt. Das hat es noch nie erlebt, zumindest nicht in diesem Ausmaß. Ohne es zu wollen hat Flöckchen eine weitere Erfahrung gemacht, nämlich wie es sich anfühlt, wenn man einen Freund gewinnt. Das ist so völlig anders als bisher und es nimmt sich vor, von nun an mit allen Schafen, denen es in Zukunft begegnen wird, befreundet zu sein, denn dieses Gefühl fühlt sich wunderbar an.

«Ja, das wäre wunderschön. Ich will gerne dein Freund sein. Und was machen wir nun?», fragt Flöckchen aufgeregt. Befreundet zu sein, das ist eine Sache, aber was fängt man damit an? Schon wieder eine Frage, auf die es im Augenblick keine Antwort weiß. Es gibt so viele Fragen! «Wollen wir zum Leuchtturm traben? Er ist doch auch dein Freund, oder?», fragt das nicht mehr so völlig fremde Schaf, welches dies ja nicht sein kann, da es von nun an Flöckchens Freund ist.

«Der Leuchtturm? Ich weiß nicht, ob er mein Freund ist.»

Das Freund-Schaf blökt belustigt in den lichter werdenden Nebel.

«Du bist lustig, Flöckchen. Ich habe dich schon oft beim Leuchtturm gesehen, also magst du ihn, denn die anderen Schafe deiner Herde pflegen in Regel nicht in seiner Nähe zu grasen.»

Das also tun Freunde! Gemeinsam in der Gegend herumtraben! Schon wieder eine Erkenntnis. Flöckchen freut sich über die Zahl der Erkenntnisse, die es an diesem Tag bereits gewonnen hat.

«Wenn du willst, dann traben wir zum Leuchtturm hinüber. Ich kann ihn sogar sehen!»

Immerhin etwas! Der Nebel fängt an sich weiter zu lichten und mit ihm verschwinden auch die dunklen Gedanken an einen eventuellen

Nebel-Tod. Diesem Gedanken nachzuhängen ist - und das kann bestimmt jeder nachvollziehen - keine angenehme Tätigkeit. Dann schon lieber an den Leuchtturm denken, mit welchem Flöckchen in der jüngeren Vergangenheit auch schon die eine und andere Erfahrung gemacht hat.

Flöckchen setzt sich in Bewegung und sein neuer Freund folgt ihm in kurzem Abstand. Bildet Flöckchen jetzt mit seinem Freund-Schaf so etwas wie eine kleine Herde? Ein Schaf alleine kann, so sinniert Flöckchen grasscharf, keine Herde bilden, es sei denn, es würde sich mehrteilen. Das ließe sich vielleicht gedanklich bewerkstelligen aber nicht in Wirklichkeit. Solche Gedankenspiele liebt Flöckchen, doch es behält diese wohlwissend besser für sich. Es kann sich vorstellen, dass sich die anderen Schafe der Herde so ziemlich heftig die Wolle zwischen den Ohren kratzen würden, hätten sie eine Ahnung, was so alles in Flöckchens Kopf vor sich geht.

Flöckchen bleibt nach einer Weile stehen, weil das Freund-Schaf zurückbleibt und staunt. Das Freund-Schaf grast in aller Seelenruhe und scheint Flöckchen vergessen zu haben. Das Freund-Schaf sieht nicht auf, sondern hält seine Schnauze dicht über dem Gras.

«Was tust du denn da?», fragt Flöckchen. «Ich dachte, wir besuchen den Leuchtturm.»

«Ich habe Hunger», blökt das Freund-Schaf. «Du etwa nicht?»

«Nein. Ich will jetzt nicht fressen. Ich will wissen und zwar alles.»

«Aber das kannst du nur, wenn du genug im Magen hast. Ein leerer Magen eignet sich nicht für den Erwerb von Wissen.»

«Ach!»

Schon wieder eine Erkenntnis! Das ist es also, was die anderen Schafe wahrscheinlich tun! Sie grasen um zu wissen! Das ist ein völlig neuer Gedankenansatz, den Flöckchen beschließt, intensiv zu erforschen. Es frisst im Grunde gerne, doch dass ein voller Magen besser für das Wissen sein soll, das ist etwas Neues. Warum hat der Leitwidder das denn nie erwähnt? Flöckchen zeigt sich tief beeindruckt vom Wissen des Freund-Schafes und fängt ebenfalls an zu grasen. Wird es schon schlauer? Kommt das Wissen mit dem Gras zustande? Und wenn, in welchen Gräsern steckt mehr Wissen? Das sind bereits wieder eine Menge Fragen, die auf diese Weise zusammenkommen. Flöckchen wird schwindlig vom Denken. Es gibt sich Mühe nur zu grasen ohne zu denken, denn es könnte ja sein, dass das Wissen es vielleicht nicht mag, wenn Flöckchens Kopf mit vielen Fragen gefüllt ist. Wo soll denn das Wissen hin, wenn es keinen Platz mehr in Flöckchens Kopf gibt? Flöckchen will es nicht riskieren, dass sich das Wissen anderswo einen Platz sucht. Es ist nur so enorm schwierig nicht zu denken.

Schließlich hat das Freund-Schaf genug gegrast und macht sich auf den Weg zum Leuchtturm, der immer näher rückt, obwohl er keine Beine hat. Der Leuchtturm steht immer noch einfach in der Gegend herum und tut rein gar nichts. Aber etwas ist anders und zwar ganz entschieden anders. Beim ersten Hinsehen kann Flöckchen nicht benennen, was anders ist. Das Freund-Schaf stellt sich neben Flöckchen und bestaunt den Leuchtturm, der sich an den beiden Schafen scheinbar desinteressiert zeigt.

Flöckchen erkennt auf einmal, was anders ist! Die Streifen des Leuchtturmes sind weg! Es schließt die Augen, öffnet sie wieder und noch immer erstrahlt der Leuchtturm in einem Weiß, so weiß, wie er es bei all den Besuchen von Flöckchen nie getan hat.

«Jemand hat dem Leuchtturm die roten Streifen geklaut!», blökt Flöckchen entrüstet in die Landschaft. Das Freund-Schaf freut sich: «Da siehst du, dass der Leuchtturm dein Freund ist!»

«Warum?», fragt Flöckchen und stellt das In-die-Landschaft-blöken umgehend ein.

«Na, wenn du ihn nicht mögen würdest, wäre es dir egal, ob er seine roten Streifen hat oder nicht.»

«Ja, aber wo sind sie denn geblieben?»

Das Freund-Schaf blökt erneut und zeigt in den Himmel über dem Meer hinauf. «Da sind die Streifen!»

Tatsächlich! Da oben entdeckt Flöckchen die Streifen. In einer Reihe von Wolken schwebt nämlich eine, die nicht einfach nur weiß ist wie die anderen, sondern vielmehr rot-weiß gestreift.

«Die Wolke hat dem Leuchtturm die Streifen geklaut!», empört sich Flöckchen.

«Nein, ich kann dich beruhigen, denn das, mein liebes Flöckchen ist wahre Freundschaft! Der Leuchtturm hat der Wolke seine Streifen geschenkt, damit sie etwas Besonderes zwischen all den anderen ist. Genau wie du! Vergiss niemals, dass ich dein Freund bin!», ruft das Freund-Schaf komischerweise wie von weit her. Flöckchen sieht sich erschrocken um und stellt fest, dass es allein auf dem Deich beim Leuchtturm steht.

«Wo bist du?», fragt Flöckchen verunsichert.

«Hier bin ich! Schau in den Himmel!»

Flöckchen sieht zum Himmel hinauf und sieht eine Menge kleiner Wolken, die aussehen wie eine Herde Schafe in welcher die rot-weiß gestreifte mit ihren Ohren schlackert.

«Hier bin ich! Ich bin eine Schäfchenwolke! Das hier ist meine Herde!», blökt das Freund-Schaf zu Flöckchen hinunter. Flöckchen ist mächtig beeindruckt.

«Darf ich mitkommen?», fragt Flöckchen vom Deich nach oben, wo es glaubt, sein Freund-Schaf zu erkennen – denn dieses ist dicker als die anderen, aber das kann natürlich auch nur Einbildung sein.

«Nicht heute, aber eines Tages, wenn die Zeit reif ist, wirst du ein wissendes Schaf sein und Wissen-Schafe werden zu Schäfchenwolken. Wir warten auf dich!»

Da wird Flöckchen unendlich traurig, denn es glaubt einen Freund verloren zu haben. Es sieht den Wolken, unter denen jene mit den roten Streifen immer grösser wird, hinterher, wie sie vom Wind getrieben über das Meer in Richtung Norden weiterziehen. Flöckchen strengt sich an um das Freund-Schaf nicht aus den Augen zu verlieren und blökt erleichtert in den Himmel hinauf, denn weit weg kann es das Freund-Schaf, welches fröhlich mit den anderen spielt, deutlich erkennen.

Als Flockchen vom In-den Himmel-hinaufschauen allmählich einen steifen Nacken bekommt, wird es leicht angestupst, worauf es seinen Blick wieder auf den Deich richtet und ist erstaunt. Da steht nämlich ein kleines Lämmchen, welches kleiner ist als alle anderen, die Flöckchen bis dahin gesehen hat.

«Es muss schön sein, einen Freund zu haben», blökt es leise und sieht Flöckchen mit seinen großen traurig blickenden Augen an.

«Hast du denn keine?», fragt Flöckchen.

«Nein. Niemand will mich zum Freund haben, weil ich so klein bin.»

Flöckchen kann es kaum glauben, doch sofort wird es wieder ganz warm in seinem Inneren und es fragt spontan: «Wollen wir beide Freunde sein? Nur du und ich?»

«Ja, das wäre schön!»

«Und wie heißt du?», fragt Flöckchen seinen neuen Freund.

«Wölkchen, ich heiße Wölkchen!»

«Wölkchen! Wie passend!», freut sich Flöckchen und schaut in den Himmel hinauf, wo sich viele kleine Wolken tummeln.

Von diesem Tag an ist Flöckchen nicht mehr alleine, denn Wölkchen ist genauso an Wissen interessiert wie Flöckchen und gemeinsam machen sie sich auf den Weg nach ganz viel Wissen, denn zu zweit kann man mehr Wissen sammeln als alleine. Sie suchen und finden ganz hervorragende Gräser von denen sie überzeugt sind, dass diese besonders viel Wissen in sich tragen, was dazu führt, dass die beiden mit der Zeit zu stattlichen, will heißen ziemlich runden Schafen werden, aber das ist ihnen gleichgültig, denn sie wissen, dass dies auf ihr wortwörtlich umfangreiches Wissen zurückzuführen ist. Aber das behalten die beiden für sich, denn kein anderes Schaf würde ihnen das abkaufen. Man muss nicht immer allen alles erzählen.

Manchmal, wenn der Nebel wieder den Deich einhüllt, denkt Flöckchen an das Freund-Schaf aus der Schäfchenwolkenherde. Dabei freut sich Flöckchen sehr, denn es weiß jetzt, dass es und auch Wölkchen irgendwann, wenn sie beide ganz viel Wissen in sich angesammelt haben, zu der wunderschönen Herde, in welcher die anderen Schafe sie verstehen und achten, gehören werden.

Aber bevor es soweit sein wird, werden die beiden Schafe ihr irdisches Dasein genießen und sich noch viele Jahre ganz viel Wissen aneignen. Das ist ja alles wunderbar, aber endet die Geschichte an dieser Stelle? Habe ich nicht noch irgendetwas vergessen? Sind es nur die beiden Schafe, die miteinander befreundet sind? Nein, da fehlt noch etwas. Ich behaupte nämlich, dass es noch einen weiteren Freund gibt. Es kann gar nicht anders sein. Wer aufgepasst hat, wird von selber darauf kommen, wen ich meine: Den Leuchtturm! Ohne seine roten Streifen sieht er doch fast so aus wie ein Schaf, so ganz in Weiß. Oder?

Ein Leuchtturm frisst natürlich kein Gras und kann dementsprechend auch nicht mehr wachsen, aber hat er das denn nötig? Natürlich wachsen Leuchttürme nicht wie Schafe. Wer das behauptet, sollte sich mal mit einem Leuchtturm unterhalten. Wie wir jetzt wissen, hat Wachstum etwas und sogar ziemlich viel mit Wissen zu tun. Aber, und diese Frage stellt sich zwangsläufig: findet man als Schaf Wissen nur in Grashalmen? Nein, denn auf diese Weise müsste der Leuchtturm ja strohdoof sein. Ist er aber nicht, und das könnt ihr mir glauben. Er hat eine andere Art von Wissen, welches er weitergeben kann, nämlich die Geschichten aus den Erinnerungen an all das, was er in seinem langen Leben so alles gesehen und erlebt hat.

Der Leuchtturm neben dem Deich, auf dem Flöckchens Herde grast, will – und das verrate ich an dieser Stelle schon mal vorweg – mit den beiden wissbegierigen Schafen befreundet sein. Doch er hat sich bisher nicht dazu durchringen können, es ihnen, wie auch immer, mitzuteilen. Also fasst er sich, nachdem er ein tiefgreifendes Gespräch mit der Schäfchenwolke, welcher er seine Streifen geschenkt hat, geführt hat, bei der nächsten sich bietenden Gelegenheit einen Stein aus seinem

Mauerwerk und lädt die beiden wissbegierigen Schafe ein, seinen Geschichten zu lauschen, die ihrerseits eine Unmenge an Wissen in sich tragen, sodass den beiden fast die Bäuche zu platzen drohen.

Die Geschichten, die er ihnen erzählt, sind so unglaublich spannend, dass beide Schafe beschließen, ihn in ihre neugegründete Herde aufzunehmen, aber auch das behalten die beiden für sich, man muss nicht immer allen alles erzählen…

Flöckchen und der Mond

Das Leben als Schaf auf einem Deich ist - so denkt man im Allgemeinen - an und für sich angenehm, mit Betonung auf 'an und für sich'. Man grast als Schaf so gemütlich vor sich hin und ab und zu auch nicht. Die Frage nach dem ob oder dem ob nicht hängt in der Regel von den äußeren Umständen ab, die je nach Standpunkt des Betrachters - egal ob zwei- oder vierbeinig - zu unterschiedlichen Erkenntnissen führen kann, aber nicht muss. Was damit gemeint ist, ist, dass man sich grundsätzlich über das Grasen auf einem Deich Gedanken machen kann, was jedoch in den meisten - wenn nicht gar in allen Fällen - zu nichts führt, wobei man nicht vergessen darf, dass es - wie bei allen tiefschürfenden Betrachtungen das Leben betreffend - Ausnahmen geben kann, was nicht zwangsläufig der Fall sein muss.

Die Tätigkeit des Sich-den-Kopf-mit-unsinnigem-Suchen-nach-geeigneten Antworten-auf-ebensolche-Fragen-zerbrechen behält sich – so sollte oder könnte man denken - die Gattung Mensch vor, aber, und damit gelangen wir unmissverständlich bereits den Bereich von Grenzwertigkeiten, es könnte durchaus auch sein, dass es Schafe gibt, die dieser ebenfalls nachzugehen pflegen.

Fakt ist, dass Schafe, die auf einem Deich oder auch anderswo leben, grasen. Diese an sich mehr als gegebene Tatsache muss, bei genauerer Überlegung doch zwangsläufig dazu führen, dass man nicht umhinkommt, sich mit deren Wahrheitsgehalt eingehend auseinanderzusetzen. Der aus dieser Überlegung folgenden Frage kann man, sofern man nichts anderes zu tun hat, nicht genug Beachtung schenken. Oder anders formuliert: Was wäre gesetzt der Fall, wenn es Schafe gibt, und möge ihre Anzahl noch so gering sein, welche sich mit anderen Dingen als dem Grasen beschäftigen? Wie wir zu wissen glauben, hat alles irgendwann man seinen Anfang genommen, was bedeuten würde, dass dies auch bei Schafen der Fall gewesen sein muss, womit selbstredend das Nachdenken über das Leben - ganz allgemein betrachtet versteht sich - gemeint ist. Ein Schaf grast und das haben schon seine Vorfahren so getan, welche aufzuzählen jedoch müßig wäre, da sich deren Spur irgendwo im Nebel der Vergangenheit verliert, wovon zuverlässig auszugehen ist. Etwas anderes zu behaupten wäre schlicht und ergreifend einfach Blödsinn. Das Grasen an und für sich mag also für die meisten ihrer Spezies – damit sind, um Missverständnissen vorzubeugen, Schafe gemeint - als genügend erwiesen gelten. Abgesehen von ein paar eventuell schon auffällig gewordenen Ausnahmen, meist nicht sehr spektakulären Nebenbeschäftigungen, wie zum Beispiel Schlafen oder allenfalls das Dösen zwischendurch, denn grasen soll, wie Schaf bereits verschiedentlich zu Ohren gekommen ist, anstrengend sein.

Es ist davon auszugehen, dass alles, was über Fressen, Verdauen, wieder Fressen und das bereits erwähnte Schlafen, beziehungsweise Dösen hinausgeht, die Kapazität eines durchschnittlich intelligenten Schafes gelegentlich zu überstrapazieren droht. Wenn sich jedoch trotzdem ein Schaf in die Gefilde von Überlegungen zum Thema Leben als Schaf ganz allgemein begibt und als Folge dessen an Schlaflosigkeit zu leiden beginnt, ist ihm, gelinde ausgedrückt, nicht zu helfen. Falls solche Exemplare in Herden vorkommen sollten, dann sind die anderen Mitglieder der betroffenen Gemeinschaft gut beraten, als vorbeugende Maßnahme gegen herdenübergreifenden Schlafmangel das umliegende Weite zu suchen. Diese dürfte wiederum in der Regel in der Nähe zu finden sein, was Anbetracht der Häufigkeit derselben nicht allzu schwer sein wird, vorausgesetzt, Schaf weiß, worum es sich dabei handelt. Wenn der als doch eher als unwahrscheinlich geltende Fall in Bezug auf das Fehlen von Weite, beziehungsweise Nähe im Zusammenhang mit Weite, dennoch eintreten sollte, dann, ja dann ist guter Rat teuer, man könnte sogar sagen, unbezahlbar.

Doch konzentrieren wir uns allmählich auf einen uns mittlerweile nicht gänzlich unbekannten Deich irgendwo in Nordfriesland und einem uns mittlerweile mehr oder weniger bekannten Exemplar der Gattung Ovis aries, sprich Schaf, welches besagten Deich mit einer gehörigen Portion Stolz als Heimat bezeichnet. Unser Augenmerk richten wir vorzugsweise auf eines, welches sich die Aufgabe, alles wissen zu wollen, auf die Wolle geschrieben hat. Es handelt sich dabei, wie könnte es auch anders sein, nicht nur um das, was man als Schaf so zu wissen hat, nein, damit würden wir ihm nicht gerecht, denn es will mehr wissen und zwar alles, wobei die Definition von 'alles' bis zum heutigen Tag nicht endgültig geklärt ist.

Wir kennen es, und damit kommen wir zum wesentlichen Punkt, als Flöckchen. Seit Flöckchen eröffnet worden ist, dass es durch Grasen Wissen erlangen kann, grast es unermüdlich, was aufgrund des vielleicht etwas übertriebenen Ausmaßes der Tätigkeit der Nahrungsaufnahme dazu geführt hat, dass sein Umfang beunruhigend zugenommen hat, zumindest für ein durchschnittliches Exemplar. Es gibt bekanntlich Ausnahmen, was, so wissen wir inzwischen zuverlässig, in Flöckchens Fall definitiv und endgültig als zutreffend gilt.

Der niedlich gemeinte Name 'Flöckchen' erweist sich, um ehrlich zu sein, aufgrund des optischen Erscheinungsbildes unseres speziellen Schafes, wie man sich denken kann, als irreführend, was diesem wiederum - und das kann man durchaus als Charakterstärke oder ausgeprägtes Selbstwertgefühl bezeichnen - mehr als total und entschieden egal ist.

Doch belassen wir es dabei, denn wenn wir es jetzt mit dieser Nebensächlichkeit konfrontierten, wer weiß, welche Konsequenzen dies mit sich bringen würde, mal abgesehen von den Mitgliedern seiner Miniherde, die aus dem Lamm Wölkchen sowie dem uns wohlbekannten Leuchtturm besteht. Die beiden kennen Flöckchen als Flöckchen und dabei wollen wir es belassen, es sei denn, jemand bestünde auf eine Anpassung besagten Namens, wovon ich aber nicht ausgehe.

Flöckchen grast zielstrebig vor sich her und hat immer noch nicht herausfinden können, welche Gräser oder Kräuter denn nun wirklich das ultimative Wissen in sich bergen. Das wurmt Flöckchen doch ziemlich, denn dass es Bauchschmerzen vom übermäßigen Grasen hat, kann man sich, ohne ein Schaf sein zu müssen, gut vorstellen.

Wölkchen, welches Flöckchen über alles bewundert, grast so unauffällig wie möglich immer in Flöckchens Nähe, doch so sehr es sich anstrengt, das Gefühl, bereits schlauer geworden zu sein, hat sich bis zum heutigen Tag nicht einstellen wollen. Irgendetwas scheint es falsch zu machen, doch Flöckchen mit dieser sehr wichtigen Erkenntnis zu behelligen, traut es sich jedoch nicht. Der Leuchtturm kann ihm auch nicht helfen, da er nicht in der Lage ist, zu grasen. Immerhin, dass ihm das nicht möglich ist, weiß Wölkchen, und dieses Wissen – man darf dies getrost als solches bezeichnen - erfüllt das kleine Lamm mächtig mit Stolz. Dummerweise kann es damit nicht vor den anderen Schafen und schon gar nicht vor den Lämmern, glänzen, denn die haben an dieser Art von Wissen wenig bis überhaupt kein Interesse. Wissen-Sammeln ist eine einsame Tätigkeit, soweit hat Wölkchen es schon begriffen. Wissen, dass Wissen etwas mit einem macht ist, nüchtern betrachtet, erstaunlich und es wert, eingehender studiert zu werden. Dass Wissen 'etwas' tut, ist dagegen mehr als verblüffend und diese Erkenntnis gehört schon ganz gewaltig in die Nähe von Alles-Wissen. Wölkchen hat Flöckchen kürzlich mal deswegen ganz sanft in dessen Flanke gestupst, einfach, weil es ihm von seiner Erkenntnis hat berichten wollen, doch Flöckchen, welches schon längst über die Schwelle dieses Grades an Wissen hinausgetrabt ist, hat Wölkchens Sprung in eine höhere Wissensdimension nicht besonders viel Aufmerksamkeit entgegengebracht, wohingegen der Leuchtturm ganz hin und weg gewesen war. Seitdem schickt er ab und zu, je nachdem, wie er aufgelegt ist, mal so nebenbei einen zusätzlichen Lichtstrahl in die unendlichen Weiten des Universums, welches dem Treiben auf dem Deich argwöhnisch seine Aufmerksamkeit angedeihen lässt, vorausgesetzt, es hat gerade nichts anderes zu tun.

Es trägt sich in einer besonderen vom Vollmond erleuchteten Nacht zu, dass Wölkchen Zeuge eines solchen zusätzlichen Lichtstrahles wird. Wölkchen versucht schon seit Stunden erfolglos, so etwas wie eine Portion Schlaf zu erhaschen. Selbst das berühmte Schäfchen-Zählen will nicht zum erwünschten Ziel führen, was gelinde gesagt zum Wolle-Ausreißen ist. Daran tragen ausgerechnet diese zusätzlichen Strahlaktivitäten des Leuchtturms eine nicht unwesentliche Mitschuld, denn in dieser Nacht schickt er, warum lässt sich nicht ergründen, mehrmals solche hinaus, was bei Wölkchen, welches dies beobachtet, dazu führt, dass es vor lauter Überraschung über diese Sonderleistung von Seiten des Leuchtturms, vergisst, bei welcher Zahl es beim Zählen von Schafen gerade gewesen ist.

Ganz im Gegensatz zu Flöckchen, welches auch in den dunkelsten Nächten das Grasen nicht sein lassen kann, es auch gar nicht will. Flöckchen hat es sich auf seine Wolle geschrieben, wissen zu wollen, wie wir ja inzwischen hinlänglich wissen, mit dem leicht nachvollziehbaren Unterschied, dass wir keine Schafe sind – oder zumindest die wenigsten von uns.

Die anderen Schafe aus Flöckchens Herde kümmern sich längst nicht mehr um Flöckchen, was auf Gegenseitigkeit beruht, denn nur zu wissen, dass das Grasen in der Natur von Schafen liegt, ist für Flöckchen ein untrügliches Zeichen von intellektueller Begrenztheit, um nicht zu sagen Bequemlichkeit, oder wenn es ganz arg hochkommt - von Dummheit. Flöckchen hat sich mit seinem speziellen Status in der Herde abgefunden, den die anderen Schafe eh nie verstehen werden und auch gar nicht wollen, was zu einem beträchtlichen Teil daran liegt, dass sie sich deswegen nicht ihre Köpfe zerbrechen wollen. Der Leitwidder hat der Herde nach eingehendem und einsamem Studium dieser speziellen Begebenheit geraten, Flöckchen einfach Flöckchen sein zu lassen und diese Strategie hat sich, von ein paar sprichwörtlichen Ausnahmen, welche, wie wir wissen, die berühmte Regel bestätigen, abgesehen, bis jetzt als durchaus geeignet erwiesen. Dass neuerdings Wölkchen in dieselbe Richtung wie Flöckchen zu traben scheint, ist dem Widder hingegen ein Dorn im Auge, ein Umstand, der, wie man sich leicht vorstellen kann, etwas Schmerzhaftes mit sich bringt.

Dass Flöckchen und Wölkchen sich zu so etwas wie einer Herde in der Herde zusammengetan haben, ahnt der Widder selbstredend, denn er ist nicht ohne Grund der Leitwidder, was mit einer unabdingbaren Portion Wissen einhergeht, wenn auch längst nicht in dem Umfang, welchen Flöckchen anstrebt. Dass neuerdings der selbst für 'normale' Schafe stets präsente Leuchtturm auch mit von der Partie in Sachen Herdenbildung ist, ahnt er hingegen nicht. Selbst wenn er es könnte, sein Kopf würde aufgrund der Unmöglichkeit, sich dies vorzustellen, gefährlich nahe an den Zustand einer irreparablen Deformation gelangen, was alles andere als erstrebenswert ist und daher tunlichst als zu vermeiden gilt.

Die Nacht, in welcher sich die Szene, welcher wir beiwohnen werden, abzuspielen anbahnt, wird von einem strahlend hellen Vollmond unbarmherzig davon abgehalten, sich in Dunkelheit zu hüllen. Selbst Wolken, denen die Möglichkeit, dem Treiben des Vollmondes Einhalt zu gebieten, gegeben wäre, haben sich in weiser Voraussicht entschlossen, sich an einer anderen Stelle des Firmamentes möglichst unauffällig aufzuhalten.

Den Schafen auf dem Deich scheint dieser Umstand keinerlei Probleme zu verursachen, was nicht verwunderlich ist, denn das würde bedeuten, dass sie sich Gedanken über die Beschaffenheit der Nacht machen müssten und daran denkt, wie wir inzwischen wissen, kein sogenannt normales Mitglied der in Wolle gehüllten Gemeinschaft. Die Schafe liegen mehr oder weniger geordnet beieinander und haben sich in das Reich der Träume begeben, in welchem, so hoffen wir, es saftige Wiesen mit besonders leckeren Kräutern gibt. Aufgrund des aus Sicht der Schafe doch eher bescheidenen Wissens um die Frage, was denn die Welt eigentlich vorgibt zu sein, beschränkt sich die Auswahl an Träumen wahrscheinlich eher auf ein paar leicht vorstellbare Merkmale, wie zum Beispiel eine Wiese, ein Deich, ein paar andere Schafe, woraus man schließen kann, dass die träumerische Sehnsucht eines durchschnittlichen Schafes relativ schnell gestillt sein kann, aber nicht muss.

Ob ein Leuchtturm eine Option für ein zusätzliches Traumgebilde darstellt, entzieht sich angesichts des Unvermögens, sich als Mensch in ein Schaf hineinversetzen zu können, dementsprechend unserer Kenntnis.

Da sich der erwünschte Schlaf bei Wölkchen einfach nicht einfinden will, beschließt es, die Nacht als solche zu studieren. Dummerweise steht Wölkchen mit diesem an sich lobenswerten Vorhaben bereits zu Beginn vor einem ziemlich anspruchsvollen Problem: Wie studiert man Nacht? Wie kann Schaf überhaupt etwas studieren, das es nicht fressen kann? Diese Frage an sich lässt sich nicht so ohne Weiteres beantworten, doch Wölkchen glaubt zu ahnen, dass, wenn es denn erst einen Anfang gefunden hat, auch die Frage als solche nicht schwieriger zu überwinden sein dürfte, als den Zaun, welcher ihre Weide umgibt. Das Überwinden eines Zaunes ist immerhin etwas, was man üben kann, doch wie geht man das Studieren von Nacht an? Wölkchen will es jetzt aber wissen, denn dass das Wissen um die Beschaffenheit von Nacht etwas ganz Besonderes ist, spürt es unter seiner Wolle und wenn sich dieses Spüren erst einmal eingestellt hat, dann gibt es eigentlich und überhaupt kein Halten mehr. Jetzt wird gewusst und zwar wie selten zuvor.

So beschäftigt sich Wölkchen intensiv, vom Spüren unter jedem Kringel seiner Wolle mit dem Finden des berühmten roten Fadens angespornt und stellt zu seinem Leidwesen jedoch zunehmend frustriert fest, dass ihm selbst das nicht gelingen will. Wie es so dasteht und nicht weiterweiß, betrachtet es den Leuchtturm, der vom Licht des Mondes profitiert und sich davon nicht wenig geschmeichelt fühlt. So strahlt der stumme Freund mit seinem vom Mondlicht verwöhnten Weiß über den Deich und vergisst dabei selbstverliebt, dass er eigentlich und grundsätzlich eine Aufgabe zu erfüllen hat.

Plötzlich, Wölkchen weiß gar nicht, wie ihm wird, stellt sich die fundamentale Erkenntnis ein, dass es sich zu etwas Bestimmtem Gedanken machen muss, wozu Schaf durchaus auch die Nacht zählen kann, ja mehr noch, muss. Dieses 'etwas' fasziniert Wölkchen derart, dass es am liebsten die anderen Schafe der Herde aufwecken würde, um sie an dieser bahnbrechenden Überlegung teilhaben zu lassen, denn es glaubt, den berühmtberüchtigten roten Faden gefunden zu haben. Doch so sehr es davon überzeugt ist, den anderen Schafen in Sachen Wissen weiterhelfen zu können, es ist hoffnungslos, denn es drängt sich zu Wölkchens Leidwesen sofort und gnadenlos die Erkenntnis in die Euphorie hinein, dass die anderen Schafe kein Interesse an dieser Form von Gehirnakrobatik haben.

Wölkchen ist sich dessen durchaus bewusst, und siehe da, sein kleines Köpfchen wird von der Tatsache, dass es sich bei diesem an sich wenig bis gar nicht erfreulichen Gedanken ohne Zweifel um Wissen handelt, beinahe dazu genötigt, sich seinerseits Gedanken zum Thema Platznot in seinem Kopf zu machen, denn Herrje! Wohin mit all dem Wissen, welches sich bei genauerem Hineinspüren doch bereits zahlreich und vergnügt zwischen seinen Ohren tummelt? Ob man davon die vielzitierten Kopfschmerzen bekommt? Wie um sich die Vorstellung von Schmerzen aus dem Kopf zu schlagen, schüttelt es sich, holt tief Luft, hält diese so lange wie möglich an und stößt selbige, welcher das Ausharren in den finsteren Schafslungen allmählich zu blöd wird, schließlich zur allgemeinen Erleichterung der eingesogenen Luft wieder aus. Wölkchen erinnert sich in diesem Augenblick, als es keine Luft mehr zum Ausatmen in seinen Lungen spürt, dass Flöckchen sich zu Luft schon Gedanken gemacht hat und zwar vor noch gar nicht so langer Zeit. Wölkchen versucht sich zu erinnern, doch das ist alles andere als einfach, denn wenn Flöckchen denkt, dann muss man als Teilhaber an diesem Vorgang enorm auf Zack sein, damit man auch ja alles mitkommt. Glücklicherweise kann sich Wölkchen sehr gut an diese tiefschürfenden Gedanken erinnern und es ist gleichzeitig unheimlich stolz darauf, dass es mehr oder weniger das Wesentliche von Flöckchens Überlegungen nicht vergessen hat, wenigstens denkt es sich das. Die Vorfreude macht sich allerdings sehr schnell, auf jeden Fall schneller als es Wölkchen lieb ist, vom Deich, denn das Thema an sich ist bedeutend umfassender als es zuerst gedacht hat. Es muss an dieser Stelle gesagt sein, dass Wölkchen den Vorteil der Jugend zu seinem Trost auf seiner Seite hat, was sich dahingehend äußert, dass seine Aufnahmekapazität noch sehr groß ist, ganz im Gegensatz zu den älteren Semestern der Herde, die das Eine und Andere schon mal - gewollt oder ungewollt sei mal dahingestellt - vergessen.

Dass man als Luft sein Leben auch nicht vollkommen losgelöst von Zwängen genießen kann, ist wohl allen Wesen, die sich atmend durch die Landschaft bewegen, bewusst – an dieser Stelle hat Flöckchen generell alle Schafe, auch die, welche sich nicht mit solchen Gedanken auseinandersetzen, mit einbezogen - was Wölkchen sehr beeindruckt hat. Schaf stelle sich das Gefühl der Ohnmacht der Luft vor, von einer Nase eingesogen zu werden und nichts dagegen tun zu können. Dabei, an dieser Stelle ist Wölkchen beinahe von den Hufen gekippt, hat Flöckchen sogar die Menschen in die Betrachtung mit einbezogen, und wissend gemeint, dass es zwischen den Nasen von Menschen und Schafen in Bezug auf das Atmen wahrscheinlich und sogar ziemlich sicher keinen Unterschied gibt. Für die Luft bedeutet einmal eingesogen ganz einfach formuliert eingesogen und damit ist grundsätzlich und überhaupt der Sachverhalt, wie Flöckchen sich mit einem energisch erhobenen Vorderhuf beeilt hat darauf hinzuweisen, genug geklärt, um dem Leid, welches der Luft auf diese Weise zustößt, dem ihm entsprechenden Platz in allfälligen Überlegungen zu diesem Thema zuzugestehen. Bis heute hat Flöckchen, soweit sich Wölkchen zu erinnern vermag, was nicht so ohne Weiteres zu schaffen ist, denn der Umfang der Gedanken hierzu nennt bedrohliche Ausmaße sein Eigen, allerdings noch nicht herausfinden können, ob der Luft die Möglichkeit der Kommunikation gegeben ist, was unweigerlich zu dem Schluss führt, ja sogar muss, dass eingehendere Untersuchungen vonnöten sein werden, vorausgesetzt, die Motivation zu solch geistiger Schwerarbeit ist in genügendem Umfang vorhanden.

Die Vorstellung, dass sich verschiedene Lüfte gegenseitig vor der Gefahr, eingesogen zu werden, warnen könnten, ist an und für sich gar nicht so abwegig, doch beweisen lässt sich dieser interessante Aspekt bislang noch nicht. Flöckchen ist deichfest – felsenfest kann in diesem Zusammenhang nicht angewendet werden, da es auf Deichen in der

Regel keine Felsen gibt - davon überzeugt, in absehbarer Zeit auf ein Kraut zu stoßen dem die Antwort auf diese Frage in den Wurzeln liegt, wobei es sich zum jetzigen Zeitpunkt außerstande sieht, allfällige Konsequenzen aus einer in diese Richtung weisenden Entdeckung abschätzen zu können. Dies wiederum ist dem Umstand zu verdanken, dass Flöckchen noch längst nicht alles weiß, was die einzig logische Folgerung mit sich bringt, dass es noch viel grasen muss. Ob es zu dieser Frage überhaupt je das passende Kraut finden wird, wird sich im Laufe der Zeit vielleicht irgendwann als gegeben erweisen.

Derart um das Wohlergehen der Luft, der es beschieden ist, von Wölkchens Nase eingesogen zu werden, besorgt, atmet Wölkchen ganz sachte ein weiteres Mal ein, um der Luft so wenig wie möglich Unannehmlichkeiten zu bescheren, was der Fall zu sein scheint, denn die eingesogene Luft fühlt sich in seinen Lungen unglaublich erfrischend an.

Nachdem Wölkchen dem Thema Luft aus seiner Sicht genügend Aufmerksamkeit geschenkt hat, stellt es fest, dass es angesichts der Komplexität der Gedanken hierzu doch beinahe das eigentliche Interesse, nämlich jenes an der Nacht, beinahe vergessen hätte, ein Zustand, der ihm alles andere als erstrebenswert erscheint. Ihm ist zudem, und das ist besonders ärgerlich, fast ein wenig schwindlig geworden. Kann das vom Nachdenken herrühren? Wenn dem so sein sollte, dann wäre das einfach nur eines, nämlich schrecklich. In diesem Augenblick wandert sein Blick zu der Herde, die im hellen Mondlicht mit dem Leuchtturm um die Wette zu leuchten scheint. Die Wolle der Schafe kann es an Helligkeit kaum mit dem Leuchtturm aufnehmen, da das Licht, so nimmt Wölkchen an, sich zu gerne in der Wolle der Schafe verliert, während es die kalte Oberfläche des Leuchtturms offensichtlich nicht zu mögen scheint, denn es prallt einfach davon ab und wird in alle Richtungen verteilt. Fast muss Wölkchen schmunzeln, denn es stellt sich vor, wie das Mondlicht es sich in der Wolle der Schafe gemütlich macht und am liebsten bleiben möchte, was natürlich nicht von Dauer sein kann, denn wie Wölkchen weiß, werden Schafe ab und zu geschoren. Wölkchen geht davon aus, dass das Mondlicht nicht gerne geschoren werden will, wendet sich so erleichtert vom Anblick der Herde ab und entdeckt zu seiner großen Erleichterung, dass es immer noch keinen Deut müder geworden ist als vorher, sich also fit genug fühlt, um sich mit dem Wissen um die Nacht auseinanderzusetzen.

Da Wissen Schwerarbeit ist, beschließt Wölkchen, sich nicht länger stehend auf dem Deich aufzuhalten, sondern sucht sich zwecks physischer Erleichterung einen besonders geeigneten Ort auf dem Deich aus, um es dem Wissen leichter zu machen, das wissbegierige Lamm heimzusuchen. Die Stelle, für welche sich Wölkchen entscheidet, ist ideal, denn wo es hinschaut, stehen hohe und interessant erscheinende Kräuter, die auch in liegender Position leicht zu erreichen sein werden. Der Bauer, also jener Mensch, welcher sich Eigentümer der Herde nennt und als solcher jeden Morgen lieblos einen Kübel mit scheußlich schmeckendem Inhalt auf den Deich bringt, hat am frühen Abend immerhin etwas Gutes getan, als er sie auf einen anderen Abschnitt des Deiches, genauer auf die andere Seite des Leuchtturmes, geführt hat. Die Chancen, dass unter den neuen Kräutern welche zu finden sein werden, die besonders reich an Wissen sind, können durchaus als vielversprechend bezeichnet werden.

Wie weiß der Leuchtturm ist, denkt Wölkchen als Einstieg, den es bewusst einfach zu halten versucht, was sich allerdings schnell als Irrtum herausstellt, denn bereits mit dieser Erkenntnis beginnen die Probleme wie eine Herde Schafe, die auf eine neue Weide gelassen wird, in Wölkchens Kopf zu drängeln, was Schaf bekanntlich ein Gräuel ist.

«Sag mal, Wölkchen, was treibst du da?», hört Wölkchen plötzlich hinter sich jemand fragen. Obwohl Wölkchen die Stimme nur zu gut kennt, fährt ihm der Schreck gewaltig in die Wolle.

«Ich kann nicht schlafen und so habe ich mir gedacht, ich denke ein wenig.»

«Um diese Zeit?»

«Du schläfst ja auch nicht», entgegnet Wölkchen gekonnt mutig.

«Stimmt. Und woran denkst du so?»

«Ach, an dies und jenes.»

«Nicht sehr zielführend. Du musst dir zu einer einzigen Sache Gedanken machen und nicht an alles, was dir gerade so einfällt, deine Energie verschwenden.»

«Muss ich dann mehr fressen, wenn ich an alles denke?»

«Nein, natürlich nicht. Woran willst du denn jetzt denken?»

Wölkchen sieht Flöckchen an und staunte über die Helligkeit seiner Wolle, die vom Mondlicht faszinierend weiß leuchtet. Ob das vom Wissen herrührt? Wölkchen kann nicht anders und betrachtet seine eigene Wolle, soweit sich das machen lässt und erkennt, dass es selber längst nicht so hell leuchtet wie Flöckchen. Es schluckt diese Ernüchterung schnell hinunter und hat auch schon eine Idee, um Flöckchens Frage zu beantworten.

«Ich will an den Mond denken.»

Das ist zwar nicht das Thema, für welches sich Wölkchen ursprünglich entschieden hat, aber immerhin ist es 'etwas', das mit der Nacht in Zusammenhang steht. Denn, so viel weiß Wölkchen inzwischen, am Tag scheint kein Mond.

«Na, das ist ja in dieser Nacht nicht besonders schwer.»

Wölkchen schluckt ein paar Mal ganz unauffällig leer und ist frustriert. 'Kann ich denn in Flöckchens Augen gar nichts richtig machen? Ich wünsche mir doch nur, dass Flöckchen mich lobt. Ich will genau so viel wissen wie Flöckchen', denkt Wölkchen und befindet sich nahe am Abgrund der Verzweiflung, wobei es nicht weiß, was denn genau ein Abgrund ist.

«Darf ich es trotzdem tun?»

«Aber sicher. Du darfst alles denken, was du willst.»

'Aha', denkt Wölkchen wohlweislich für sich, 'geht doch'.

Wölkchen starrt eine Weile den Mond an und ist hin und weg von dem Hinsehen, so sehr, dass ihm bald schwindlig davon wird. Plötzlich sieht es nicht nur einen Mond, nein, vielmehr werden es immer mehr und die kreisen immer schneller werdend in seinem Kopf. Das ist etwas völlig Neues. Wölkchen lernt in Windeseile, dass, wenn es den Mond lange genug anschaut, mit der Zeit mehrere Monde gleichzeitig sehen kann. Ob das auch Wissen ist?

Neben Flöckchen, welches sich nicht besonders für den Mond zu interessieren scheint und sich, statt den Mond zu betrachten, auf die Suche nach mit Wissen behafteten Kräutern begeben hat, fühlt sich Wölkchen plötzlich schafwohl. Doch gerade, als sich das Gefühl so herrlich angenehm in seinem kleinen Körper auszubreiten beginnt, wird es jäh aus dem Genießen des Wohlfühlens herausgerissen und zwar derart heftig, dass es von einem unglaublich intensiven Schüttelfrost heimgesucht wird, welcher es fast von den Hufen zu werfen droht. Flöckchen merkt davon nichts, denn es hat sich schon ein Stück weit von dem armen Lamm entfernt und ahnt dementsprechend nichts von dessen Pein.

Wölkchen versucht, einen klaren Kopf zu bekommen, denn mit Schüttelfrost in der Wolle lässt sich überhaupt nicht gut denken, von Wissen gar nicht zu reden, welches bestimmt Besseres zu tun hat, als sich von Frost abschütteln zu lassen.

Doch so sehr Wölkchen versucht, die Irritation, welche für den Schüttelfrost verantwortlich ist, loszuwerden, es will ihm zu seinem grenzenlosen Leidwesen nicht gelingen. Zwischen seinen Ohren drängen sich Bilder von Erinnerungen, die mit dem Mond in Zusammenhang stehen und zwar so sehr, dass es Gefahr zu laufen droht, Kopfschmerzen der schlimmsten Art zu bekommen. Bisher hat es sich zu den Bildern keine Gedanken gemacht, doch heute, in dieser Nacht, will es ja nur an den Mond denken. Mit dem den-Mond-anstarren alleine ist noch längst kein Wissen erworben. Wölkchen strengt sich an um eine Frage zu formulieren, insbesondere aufgrund der Bilder in seinem Kopf. Doch wie stellt man das bloß an? Es ist ja nicht so, dass es an gar keine Frage denken kann, doch welche davon ist eine, die Flöckchen als intelligent anerkennt? Für ein Lamm, das auch alles wissen will, gibt es nichts Schlimmeres, als gesagt zu bekommen, dass es dumme Fragen stellt. Flöckchen ist in dieser Beziehung sehr streng. Wölkchen fragt sich immer wieder, wie Flöckchen in der Lage ist, zwischen intelligenten und dummen Fragen unterscheiden zu können. Das wäre eine gute Frage, doch es traut sich nicht, diese auch nur ansatzweise zu Ende zu denken.

Wissen ist schwierig!

Um sich Mut anzueignen, trabt Wölkchen zuerst langsam zum Leuchtturm. Mit ihm kann es über alles reden, denn der Leuchtturm ist ein sehr guter Freund. Er ist ein wunderbarer Zuhörer und würde Wölkchen niemals als dumm bezeichnen und außerdem leuchtet er viel heller als Flöckchen. Wenn man heller leuchtet als andere, dann muss das von Wissen herrühren. Wölkchen vermutet also mal grashalmscharf, dass der Leuchtturm mindestens genauso viel weiß, wie Flöckchen, wenn nicht sogar mehr.

«Sag mal, Leuchtturm: wieso ist der Mond nicht immer rund?»

Oh, das ist eine ganz besonders gelungene Frage. Wölkchen staunt nicht schlecht darüber, dass ihm diese Frage einfach so eingefallen ist. Wölkchen kehrt freudig wieder zu seinem besonders denkanregenden Platz zurück, legt sich auf das Gras und widmet sich gewissenhaft und voll konzentriert der Betrachtung des Mondes. Die Frage nach der Form des Mondes, beziehungsweise dessen Talent zur Veränderung derselben, ist wirklich einem wissen-wollendem Schaf gebührend, mehr noch, es handelt sich um einen lupenreinen Geistesblitz, denn Wölkchen kann, jetzt, wo die Frage geboren ist, alle Bilder aus seinen Erinnerungen in die richtige Reihenfolge bringen und das ist eine kräfteraubende Arbeit. Wölkchen ist bald völlig erschöpft davon und wäre darüber beinahe, während es noch versucht zu Ende zu denken, eingeschlafen.

Der Vorteil von 'beinahe' ist, dass das, was auch immer hätte eintreten können oder wollen, dies eben nicht tut, so auch in Wölkchens Fall.

Kurz bevor Wölkchen sich in Morpheus schafliebende Arme begeben kann, gesellt sich Flöckchen vorsichtig zu Wölkchen. Natürlich leise, denn die anderen Schafe schlummern nicht weit von den beiden nachtaktiven Schafen vor sich her. Flöckchen steht neben Wölkchen, welches die Luft anhält und sich nicht traut, sich zu erheben. Was wohl Flöckchen von Wölkchen gedacht hat, als es das Lamm beim Einschlafen, oder besser beim beinahe-einschlafen ertappt hat?

«Und? Was hat dir der Leuchtturm geantwortet?», fragt Flöckchen und stupst Wölkchen liebevoll und überaus sanft an.

Wölkchen wird es komisch um die Ohren, es fühlt sich ertappt und würde am liebsten im Deich versinken, was nicht machbar ist, denn Schafe pflegen sich nun mal nicht, weswegen auch immer, irgendwo zu vergraben. Wobei die Vorstellung nicht ganz ohne ist, doch Wölkchen ist nun mal unübersehbar ein Schaf und kein Maulwurf.

«Er redet heute nicht viel», antwortet Wölkchen.

«Tja, das ist ärgerlich. Was beschäftigt dich denn in diesem Augenblick? Vielleicht kann ich dir ja helfen.»

Wölkchen fasst sich sein kleines Herz, das wild pocht und richtet die Frage, welche es dem nicht sehr gesprächigen Freund gestellt hat, ein weiteres Mal.

«Warum ist der Mond nicht immer rund?»

«Aha, ich sehe, du bist ein kluges Lamm! Das ist eine ausgesprochen kluge Frage!»

Wölkchen glaubt sich verhört zu haben und kann nicht verhindern, dass es wächst und zwar über sich hinaus.

«Und? Kannst du mir darauf eine Antwort geben?», fragt es ziemlich mutig.

«Können täte ich schon, aber es wäre besser, wenn du es mir erklären könntest.»

Wölkchen weiß nicht, ob Flöckchen das ernst meint oder nicht. Flöckchen weiß doch alles, oder wenigstens viel. Kann es sein, dass es auf diese geniale Frage etwa keine Antwort weiß? Vielleicht hätte sich Wölkchen eine einfachere Frage ausdenken sollen, denn dass es jetzt selber Antworten suchen muss, hat es eigentlich nicht gewollt. Unglücklicherweise muss Wölkchen feststellen, dass seine Augenlider beginnen schwer zu werden. In einem solchen Zustand ist Denken schwierig, wenn nicht sogar unmöglich. Aber vor Flöckchen zuzugeben, dass es eigentlich schlafen möchte, ist keine Option. Selbst der Leuchtturm scheint in dieser für Wölkchen alles andere als angenehmen Situation zum Leben zu erwachen. Es ächzt im Gemäuer des Turmes, wie wenn er demnächst bersten würde. Wölkchen beäugt dementsprechend ängstlich den immer noch hellbeleuchteten Freund. 'Er kann mich tatsächlich verstehen und wahrscheinlich weiß er auch die Antwort', denkt Wölkchen beeindruckt. Eine Hilfe ist der Leuchtturm indessen nicht, denn er verrichtet weiter seine Arbeit, nicht mal einen zusätzlichen Lichtstrahl sendet er in die mondhelle Nacht hinaus, gerade jetzt, wo Wölkchen dringend einen solchen als Motivationsschub nötig hätte. Nichts geschieht, alles bleibt wie gehabt.

«Ich weiß es nicht», gibt Wölkchen kleinlaut zu.

«Das glaube ich nicht. Streng dich an, du schaffst das! Du bist schließlich nicht umsonst ein Mitglied unserer Wissen-Herde!»

Wölkchen richtet seinen Blick betreten auf das es umgebende Gras. Welcher Grashalm könnte ihm bloß helfen? Probehalber fängt Wölkchen an zu grasen, ganz vorsichtig nur, denn es will keinen Halm übersehen oder noch schlimmer, genau auf den Halm, auf den es ankommen könnte, treten. Einen solchen Fehltritt könnte sich Wölkchen nie und nimmer verzeihen. Es schnuppert und sieht sich um, doch kein Halm bietet sich an, gefressen zu werden. Wölkchens Lage verschlimmert sich, bis es mehr aus Frust an Klee, der sich zufälligerweise Wölkchens Nähe aufhält und dem naturgemäß keine Gelegenheit zur Flucht gegeben ist, zu knabbern beginnt. Während es genüsslich kaut wird es urplötzlich von einer alles in den Schatten stellenden Eingebung erfasst. Diese ist dermaßen intensiv, dass Wölkchen Gefahr läuft, aus seiner Wolle zu fahren, was für ein Schaf an sich so gut wie unmöglich ist. Wölkchen fühlt sich in diesem Augenblick durchaus dazu imstande und könnte e, wenn es wollte. Doch Wölkchen ahnt, dass die Folgen aus einem derartigen Vorgang ziemlich dramatisch sein könnten und nimmt sicherheitshalber rasch Abstand von diesem Gefühl, denn es hat sich fest genug im Griff, um zu verhindern, dass die Verlockung, sich mit diesem wahrscheinlich noch nie je zuvor einem Schaf gelungenen Experiment zu beschäftigen, zu erliegen. Die Vorstellung, neben seiner eigenen Wolle zu stehen, ist so absurd, dass es sich diese umgehend und zu seiner vollen Zufriedenheit aus dem Kopf schlägt um sich voll und ganz der ultimativen Lösung zu widmen, will heißen, seine Freunde so zeitnah wie nur irgendwie möglich daran teilhaben zu lassen.

«Jetzt weiß ich es!», frohlockt Wölkchen.

«Und?»

«Es ist wie mit dem Klee! Der Mond wird von den Wolkenschafen aufgefressen, bis er nicht mehr zu sehen ist!»

Flöckchen und der Leuchtturm wissen nicht, was sie von dieser bahn-brechenden Erkenntnis halten sollen. Flöckchen muss Wölkchen zuge-stehen, dass bisher noch kein Schaf auf eine solche Lösung dieser seit Schafgedenken auf der ganzen Welt umhergeisternden Frage gekom-men ist, was - man muss und darf es anerkennend zugeben - ein siche-res Zeichen von ausgeprägter Intelligenz ist.

«Und wie wird er wieder rund?», fragt Flöckchen möglichst unaufge-regt.

Wölkchen kann sich kaum mehr halten vor lauter Freude, denn es hat die einzige Antwort auf die Mutter aller Fragen im Leben eines Schafes gefunden. Wölkchen ist erstaunt, dass es trotz dem kaum mehr zu wi-derstehendem Bedürfnis, sich schlafen zu legen, zu einer solchen Höchstleistung fähig gewesen ist.

«Na, ganz einfach! Er wächst wieder nach! So wie der Klee auch.»

Flöckchen muss zugeben, dass es fast ein wenig neidisch auf Wöl-chen ist, denn das ist wirklich eine nachvollziehbare Erklärung, zu-mindest aus der Sicht von Schafen. Es kann gar nicht anders sein und so wird Wölkchens Erkenntnis von nun an bis in alle Ewigkeit, zumin-dest solange es Schafe geben wird, einen als sicher geltenden Platz in den Annalen des ultimativen Schafwissen sein Eigen nennen können.

Um das alles zu unterstreichen, sehen Flöckchen, der Leuchtturm und Wölkchen, wie sich eine Herde von Schäfchenwolken voller Hingabe dem Mond nähert und diesen langsam aber sicher beginnt aufzufres-sen. Es dauert nicht lange und alles, inklusive das Meer, wird in eine immer tiefer werdende Dunkelheit getaucht, sodass bald nichts mehr zu sehen ist, mit einer Ausnahme, denn Wölkchen kann eine schwach leuchtende und wunderbar rotgestreifte Schäfchenwolke sehen, durch welche das schwindende Mondlicht noch kurz zu dringen vermag. Jetzt gibt es für Wölkchen kein Halten mehr, denn der Wunsch, einst auch eine Schäfchenwolke zu werden, ist ein ganz gewaltiges Stück grösser geworden. Als Schäfchenwolke wird Wölkchen eines Nachts in hoffentlich noch ferner Zukunft auch am Mond knabbern um die wahrscheinlich wichtigste Frage im Leben eines Schafes beantworten zu können: wie schmeckt der Mond?

Flöckchen und die Liebe

Eines Morgens, Flöckchen hat wie immer tief und fest geschlafen, wird es von Wölkchen vorsichtig Morpheus' Armen entrissen. Flöckchen sieht sich verschlafen und irritiert um, denn die Wiese, auf welches es im Traum so herrlich gegrast hat, existiert zu seiner maßlosen Enttäuschung in der Realität nicht. Vielmehr liegt es auf dem weitgehend abgegrasten Deich und versteht den Unterschied zwischen Traum und Wirklichkeit nicht. Es schlackert mit den Ohren und gibt sich missmutig. Wie gerne wäre es noch eine Weile auf der Traumwiese geblieben, aber nein, diese Freude ist ihm nicht vergönnt, was sich als Tatsache nicht so ohne Weiteres hinnehmen lässt. Warum kann ich nicht einfach wieder auf diese wunderbare Wiese zurückkehren? Die Frage ist berechtigt, findet es. Flöckchen strengt sich mit dem Organ zwischen seinen Ohren voll an und kommt folgerichtig zum einzig nachvollziehbaren Schluss, dass es sich einfach wieder zu jener wunderbaren Wiese aufmachen könnte und zwar ohne Wenn und Aber. Am Wollen kann es nicht liegen, denn davon ist mehr als reichlich vorhanden, doch wie soll es die Reise bewerkstelligen? Schafsreisen stellen in der Regel keine großen Herausforderungen dar, zumindest nicht auf dem uns wohlbekannten Deich. Mal trabt man in die eine Richtung und danach wieder in die andere. Das bekommt auch das dümmste Schaf problemlos hin. Also warum sollte es nicht gelingen, in den Traum zurückzukehren? Da Flöckchen mittlerweile schon ziemlich viel Wissen angehäuft hat denkt es, dass es dies eigentlich und überhaupt leicht hinbekommen sollte.

Flöckchen hat schon immens an Umfang zugelegt, was nicht von ungefähr kommt, denn weil es alles wissen will und Wissen bekanntlich über Fressen erworben wird, muss es dieser an sich nicht unangenehmen Tätigkeit mehr oder weniger intensiv nachgehen. Ständig fressen muss man - vorausgesetzt man betrachtet sich als der Spezies der Wollträger zugehörig - als Schwerarbeit betrachten, wobei es selbst hierbei Ausnahmen gibt, die in unserem Fall aus diesen merkwürdigen Dingern besteht, welche der Schäfer jeden Morgen mit unmöglich riechendem Inhalt gefüllt auf den Deich bringt. Der Inhalt dieser Dinger ist für sich betrachtet aus geschmacklicher Sicht schon ungenießbar, von dem Darum ganz zu schweigen. Der Widder hat Flöckchen ganz zu Beginn seiner Wissenanhäufungsanstrengungen einmal dabei beobachtet, wie es versucht hat den Kübel anzuknabbern, was sich, unter Schafen gesagt, als der absolute kulinarische Supergau entpuppt hat. Doch keine Anstrengung ist umsonst, denn immerhin hat sich in dieser misslungenen Aktion ein kleines Quäntchen Wissen dahingehend verborgen, nämlich, dass Kübel ungenießbar sind. Wobei geblökt werden muss, dass die Farbe dieses Kübels für sich gesehen voll interessant gewesen ist. Schaf könnte, wenn es denn wollte, sich betrogen fühlen, denn von diesem leuchtenden Rot geht eine nahezu magische Anziehungskraft aus. Flöckchen macht seitdem einen weiten Bogen um diesen ach so lecker aussehenden Kübel samt dessen Inhalt und ist deichfest überzeugt, dass, was so schrecklich riecht, unmöglich Wissen in sich tragen kann.

Flöckchen bemerkt, dass es gedanklich bedenklich weit von seinem Problem abgedriftet ist und konzentriert sich wieder voll, was bedeutet, dass es noch schärfer nachdenkt und erkennt urplötzlich, wie wenn dies die normalste Sache der Schafswelt wäre, dass es bloß seine Augen zu schließen braucht um wieder in diesen schafsgemütlichen Traum gelangen zu können. Manchmal kann Wissen total anstrengend sein, vor allem dann, wenn man vor lauter Gras den Deich nicht mehr sieht. Flöckchen folgert aus diesen grasklaren Erkenntnissen, dass man nicht besonders viel Wissen braucht um auf eine derart simple Antwort zu kommen. Flöckchen befindet sich auf dem besten Weg, weiteres Wissensgewicht zuzulegen und das noch vor dem ersten morgendlichen Grasen auf seinem Heimatdeich. Diese Vorstellung fühlt sich schafwohl an, das muss mal ganz deutlich geblökt sein.

Die für ein solches Unterfangen unabdingbaren Vorrausetzungen – das Wollen und Können - sind vorhanden und brauchen entsprechend nichts anderes als umgesetzt zu werden, was an sich problemlos sein dürfte. Da Flöckchen ein schlaues Schaf ist, schließt es schnell seine Augen und macht sich auf den Weg in den Traum. Gedacht getan aber oh Schreck: Der Weg in den Traum ist eigenartig dunkel, so sehr, dass Flöckchen Angst bekommt. Und überhaupt: wo ist der Leuchtturm mit seinem hellen Licht? Erst jetzt bemerkt Flöckchen zu seinem grenzenlosen Erstaunen, dass es weder seinen zuverlässigen stummen Freund den Leuchtturm noch Wölkchen auf der Traumwiese angetroffen hat. Wie kann das sein? Irgendetwas stimmt hier nicht, also muss Flöckchen die Bedingungen an den Traum ändern und zwar ganz gewaltig. Ohne Freunde zu grasen und sei die Wiese auch noch so verlockend, geht überhaupt nicht. Und nun? Guter Rat ist teuer. Flöckchen strengt sich ein weiteres Mal gewaltig an, denn es will so schnell wie möglich wieder dorthin gelangen, aber eben, nur mit seinen Freunden, wobei dem Leuchtturm das Gras dort so ziemlich egal sein dürfte. Streng betrachtet ist er ja auch kein Schaf, und stellt auf diese Weise den Beweis der bekannten Ausnahme von der Regel dar, womit wieder alles im Lot ist.

So leicht sich das alles denken lässt, die Ausführung ist es nicht. Was also unternimmt man in einem solchen Fall? Logisch: grasvollscharf nachdenken und die Lösung kommt erstaunlich schnell angetrabt: Da gibt es doch diese Stelle auf dem Deich, an welcher Flöckchen im Vorbeitraben schon verschiedentlich gedacht hat, dass es diese seltsam riechenden Kräuter genauer in Augenschein nehmen muss. Es könnte ja sein, dass diese besonders viel Wissen in sich bergen und ihm zeigen können, wie es sein Problem mit seinen Freunden auf jener Wiese lösen kann. Soweit so gut, doch es muss sich entscheiden. Erst diese seltsam riechenden Kräuter auf dem Deich suchen, oder mittels Willenskraft wieder auf die Wiese zurückkehren? Flöckchen ist unschlüssig und diesen Zustand mag es überhaupt nicht. Wölkchen steht immer noch vor seiner Nase und gibt sich ungeduldig. Manchmal können Lämmerfreunde ganz schön nervig sein, denkt Flöckchen, doch da Wölkchen sein einziger wolliger Freund ist, sollte es sich wohl besser ein wenig zusammenreißen. Flöckchen erinnert sich nämlich an ihre erste Begegnung und da wird ihm seltsam warm ums Herz. Bei genauerer Überlegung ist Wölkchen ein treuer, wenn auch manchmal ein etwas zu anhänglicher Weggefährte.

Wölkchen scheint an diesem Morgen ganz besonders aufgebracht zu sein. Flöckchen verabschiedet sich vorübergehend von seiner Traumwiesenherausforderung und begibt sich ganz in die reale kleine Welt auf dem Deich. Flöckchen sieht sich um und denkt nicht zum ersten Mal, dass der Deich an und für sich nicht der schlechteste Ort auf der

Welt ist, wobei es sich gleichzeitig eingestehen muss, dass es gar keine anderen Orte auf dieser Welt kennt. Das Thema Welt nimmt schon seit geraumer Weile ziemlich viel Platz in seinem Sammeln von Wissen ein, doch um es wirklich zu begreifen, braucht es noch viel mehr Wissen. Wölkchen hat es im Gegensatz zu Flöckchen bedeutend einfacher, denn es profitiert uneingeschränkt von Flöckchens Wissensfundus, an welchem dieses seinen kleinen Freund gerne teilhaben lässt, vorausgesetzt, Wölkchen versteht, was Flöckchen ihm weitergibt, was keineswegs immer der Fall ist. Wollen will Wölkchen, daran besteht nicht der geringste Hauch eines Zweifels, aber mit dem Können hapert es dann und wann doch schon mal. Flöckchen würde, täte man es mit dem Vorwurf eines gewissen Maßes an Überheblichkeit konfrontieren, diesen so weit weg wie möglich weisen. Und überhaupt: wie kann ein von Wissbegier erfülltes Schaf überheblich sein?

Das ist ein Widerspruch, den Flöckchen zu entkräften sich gar nicht erst die Mühe macht, denn alles hat seine Grenzen, so auch dieses Thema. Der Leitwidder, ja, der kann schon mal von sich ziemlich eingenommen sein, aber der kann sich dies leisten, denn er ist der Chef der Truppe. Was bei genauerer Betrachtung nichts anderes bedeutet, als dass niemand aus der Herde auch nur im Geringsten auf die Idee kommen würde, so etwas von ihm zu denken, Wollen oder Können mal als nicht gegeben vorausgesetzt.

Als Flöckchen endlich richtig auf dem realen Deich angekommen ist und der Nachdenknebel sich verzogen hat, schaut es seinen kleinen Freund liebevoll an.

«Was hast denn auf dem Herzen, Wölkchen?»

Wölkchen zeigt sich erfreut, dass Flöckchen es nicht davongejagt hat, denn es weiß, dass Schafe, allen voran Flöckchen, es nicht mögen, aus dem Schlaf gerissen zu werden.

«Ich habe heute eine sonderbare Entdeckung gemacht», erwidert Wölkchen aufgeregt und springt mit kurzen Luftsprüngen umher.

«Hat sie etwas mit Wissen zu tun?», fragt Flöckchen vorsichtig, während es Mühe hat, Wölkchen im Blickfeld zu behalten. Wenn Flöckchen etwas nicht ausstehen kann dann Dinge, die nichts mit dem Sammeln von Wissen zu tun haben.

«Könnte sein, ich weiß es nicht. Darum will ich ja dich fragen.»

«Kannst du mir die Entdeckung wenigstens beschreiben?»

Wölkchen windet sich verlegen und will wieder mit dem In-die-Luft-springen beginnen.

«Nein. Ich muss sie dir zeigen.»

Flöckchen würde sich lieber um die Lösung des Traumwieseproblems kümmern, andererseits will es Wölkchen nicht vor den kleinen Kopf stoßen. Geduld ist eine Sache, die Flöckchen noch nicht zu seiner vollen Zufriedenheit beherrscht. In dieser Frage ist es auf die anderen Schafe der Herde oft so etwas wie eifersüchtig, vor allem, wenn es sie beobachtet, wie diese durch nichts aus der Ruhe zu bringen sind. Sie grasen und lagern, egal, von welchen Witterungsverhältnissen sie heimgesucht werden. Es regnet? Na und? Das ist so und damit hat es sich, sagen die Mitglieder von Flöckchens Herde kopfschüttelnd, was zum einen an der Nässe des Regens liegt, welcher ihnen feuchte Nasen beschert und zweitens am Mangel an Verständnis für Flöckchens Wissensdrang. Flöckchen widmet sich dessen ungeachtet seit geraumer Zeit mit einem bewundernswerten Maß an Eifer der Frage der

Beschaffenheit des Regens, nur um festzustellen, dass das Erlangen einer schlüssigen und abschließenden Antwort auf sich warten lässt.

Die anderen Schafe führen ein geruhsames Leben, welches sich in fast allen Belangen von jenem, welches Flöckchen führt, unterscheidet. Fressen, schlafen, dösen, umhertraben und ab und zu mal in die Gegend blöken. Höhepunkt des Tages auf dem Deich ist der morgendliche Besuch des Schäfers mit seinem Kübel. Ein oder schafeswegen auch zwei Mal mag dieses Ereignis ja spannend sein, aber jeden Tag? Jeden Tag dieselben Tätigkeiten, nichts, das Wissen fördert? Das kann unmöglich das sein, was der Leitwidder Leben nennt. Flöckchen hat sich schon verschiedentlich bei der Frage nach seinem Anderssein ertappt, ohne bisher eine auch nur ansatzweise befriedigende Antwort gefunden zu haben, außer, dass es vielleicht nur noch nicht das dafür infrage kommende Kraut gefunden hat. Wie auch immer: Es handelt sich hierbei um Flöckchens fundamentalste Frage überhaupt, mal abgesehen von jener nach dem Geschmack des Mondes.

«Also gut, was willst du mir denn zeigen?», gibt sich Flöckchen die größte Mühe bezüglich Zeigen von Interesse.

Wölkchen zeigt mit seiner kleinen Nase in Richtung des Leuchtturmes.

«Und was soll da sein? Das ist doch bloß unser Freund der Leuchtturm. Den kann man nicht mehr als einmal entdecken. Oder hast du einen zweiten gesehen?»

Wölkchen ist überrascht von Flöckchens Frage.

«Gibt es denn noch andere Leuchttürme?»

«Aber sicher gibt es die. Hast du unsere Gespräche mit unserem Freund etwa schon vergessen? Wenn ja, dann erstaunt mich das aber sehr, denn die Geschichten vom Leuchtturm sind voll von Wissen.»

Wölkchen senkt seinen Blick beschämt auf den Boden unter seinen Hufen.

«Nein, es ist kein Leuchtturm. Es sieht irgendwie fast so aus wie unser Schäfer, nur anders.»

«Ach! Du meinst Menschen! Die sind doch nicht interessant!»

«Denkst du, ich weiß nicht, was Menschen sind?», fragt Wölkchen und schaut dennoch ganz aufgeregt in die Richtung, wo es etwas entdeckt hat.

«Mach dir nichts daraus. Die sind nicht der Rede wert, sondern nur lästig.»

«Oh!»

«Wollen wir eine Runde grasen?», fragt Flöckchen, um Wölkchen auf andere Gedanken zu bringen.

«Nur, wenn ich dir etwas Seltsames zeigen darf», bleibt Wölkchen zu Flöckchens Erstaunen standhaft, was zur Folge hat, dass Flöckchen allmählich ungeduldig wird.

«Was soll an Menschen seltsam sein? Die sehen nicht mal ansatzweise wie Schafe aus. Und überhaupt: Wie kann man so faul sein und sich nur auf zwei Beinen fortbewegen?»

Wölkchen hat von Flöckchens Sturheit genug, trabt davon und lässt Flöckchen einfach stehen. Der Leuchtturm steht während dieser kleinen Tragödie unter Freunden unbeteiligt da und konzentriert sich voll und ganz auf sein Sein. Er hat es ja auch einfach, er sieht alles und muss sich trotzdem nicht darum kümmern. Flöckchen hingegen hat es sich zur Aufgabe gemacht, für Wölkchen da zu sein, da es von den anderen aus der Herde nicht akzeptiert wird. Ein Schaf, welches sich komisch benimmt mag ja noch angehen, aber zwei? Da macht man besser einen weiten Bogen darum und kümmert sich um seine eigenen Angelegenheiten.

Flöckchen gibt nach einiger Überlegung großmütig nach, und sei es nur, um Wölkchen eine Freude zu bereiten. Das Freude-bereiten ist enorm wichtig, denn frustrierte Schafe können anstrengend sein. Was hat Flöckchen schon zu verlieren? Ein kurzes Hintraben und danach wieder zurück. Mehr will Wölkchen ja gar nicht. Also dann nichts wie los. Gedacht getan. Wölkchen führt immer wieder klitzekleine Luftsprünge vor, in ihm steckt so viel Lebensenergie, dass sich Flöckchen genötigt sieht, sich Vorwürfe bezüglich seiner Haltung dem Lamm gegenüber zu machen, was es natürlich nie laut von sich geben würde.

Über der See herrscht ein wolkenloser Himmel und es ist ziemlich warm. Eine sanfte Brise weht vom Watt zum Deich herüber, sodass die Möwen in der Luft keine Anstrengungen zu bewerkstelligen haben, sich der Szene auf dem Deich zu nähern. Möwen sind in der Regel unglaublich neugierige Wesen und manchmal auch ziemlich frech. Flöckchen hat schon verschiedentlich schlechte Erfahrung diesbezüglich machen müssen, aber so ist das Leben nun mal. Möwen stellen so betrachtet kein besonders interessantes Wissen dar.

In der Nähe des Leuchtturmes gibt es so eine Art Trampelpfad für Menschen. Menschen sind bedauernswerte Geschöpfe, das weiß Flöckchen. Es hat diese Spezies bereits ausgiebig erforscht, mit dem Schluss, dass es um nichts auf dem Deich ein Mensch sein möchte. Abgesehen davon benötigen Schafe keine eigens für sie angelegten Trampelpfade. Im Gegenteil, sie sind für ihre Trittsicherheit bekannt. Schafe können problemlos an den manchmal steilen Hängen der Deiche stehen und sich mit vollster Konzentration den Kräutern widmen, ohne umzukippen, selbst beim stärksten Sturm stehen sie da und geben sich unerschütterlich.

Flöckchen hat sich ab und zu mal voll kontrolliert den Deich hinunterkullern lassen nur um das Gefühl von Schwindel zu erforschen. Viel ist dabei allerdings nicht herausgekommen, aber irgendwie hat das Kullern Spaß gemacht. Der Leuchtturm, der dem Treiben, wie es seine Art ist, unbeteiligt zugeschaut hat, hat die Beobachtung als Sammeln von Wissen in die Weite hinausgeleuchtet und sich danach nicht mehr weiter damit auseinandergesetzt, was bei Flöckchen, welches danach so ziemlich wacklig auf den Beinen gestanden hat, für ein gerütteltes Maß an Enttäuschung gesorgt hat. Aber der Leuchtturm ist, wie wir inzwischen wissen, bekanntlich auch kein Schaf. Die anderen Schafe der Herde haben dem Treiben Flöckchens nur kopfschüttelnd und zeitlich arg begrenzt ihre Aufmerksamkeit gewidmet. Kein normales Schaf käme auf eine solche Idee, aber da die gesamte Herde weiß, dass Flöckchen kein normales Schaf ist, kümmern sie sich nicht um dessen Unternehmungen.

An der höchsten Stelle des Menschentrampelpfades liegt etwas auf dem Gras. Wölkchen deutet mit seiner Nase darauf. Flöckchen kann das Etwas einwandfrei als einen Menschen identifizieren.

«Das ist ein Mensch, Wölkchen. Ein ganz normaler Mensch. Was soll an ihm seltsam sein?»

«Es ist nicht der Mensch, den ich meine, sondern das, was sich unter ihm befindet. Um es dir zeigen zu können, müssen wir uns in die Nähe begeben. Unauffällig, verstehst du?»

«Warum unauffällig? Wir sind hier zu Hause.»

«Dieser Mensch scheint so etwas wie Angst vor uns zu haben. Als ich vorhin schon mal hier war, hat der Mensch komisch geblökt, ich habe ihn nicht verstehen können.»

«Was hast du denn getan?»

«Ich? Nichts. Nur so vor mich her gegrast, bis ich dieses Ding entdeckt habe, welches ich dir zeigen will. Ich habe nur versucht, daran zu knabbern, aber das hat nicht geklappt.»

«Verstehe ich nicht», sagt Flöckchen und grast vorsichtig vor Wölkchen in Richtung des Menschen. Doch plötzlich hält es im Beobachten inne.

«Das ist nicht nur ein Mensch. Das sind zwei!», stellt es aufgrund seiner hervorragenden Beobachtungsgabe fest. Wölkchen schaut genauer hin und erkennt, dass Flöckchen recht hat. Es sind tatsächlich zwei und dummerweise verdecken die beiden das Ding, welches Wölkchens Interesse geweckt hat.

«Was machen die denn da?»

Flöckchen wird ziemlich verlegen, denn es erkennt relativ schnell, was da vor sich geht.

«Also so wie ich das verstehe, sind die dabei, kleine Menschen zu machen. Du weißt schon, Lämmer, einfach in Menschenform.»

«Ach? Und woher weißt du das?»

Diese Frage bringt Flöckchen auf unangenehme Weise aus dem Konzept. Wie soll es dem Lamm erklären, wie es entstanden ist? Zu diesem Thema fehlt Flöckchen ganz entschieden noch eine Menge Wissen, was es aber vor Wölkchen unmöglich zugeben kann. Das wäre ganz schlecht für sein Ansehen. Aber Flöckchen findet schnell eine Lösung.

«Das tun Schafe, wenn sie sich gernhaben. Und manchmal, ja dann entstehen daraus eben kleine Lämmer. Aber ich denke nicht, dass du mir zeigen wolltest wie das Menschen tun.»

«Mich interessiert das Lämmer-machen nicht, auch nicht in Menschenform. Um dir zu zeigen, was ich meine, müssen die Menschen mit dem Kleine-Menschen-machen aufhören und davonrennen.»

«Laut blöken könnte eventuell helfen. Also stellen wir uns neben sie und fangen an wie die Verrückten zu blöken. So laut wir können.»

«Meinst du, das klappt?»

«Finden wir es heraus. Wir können auf diese Weise vielleicht sogar etwas lernen ohne grasen zu müssen.»

Das ist eine hervorragende Idee, findet Wölkchen. Erschrecken-Spielen ist etwas, das Wölkchen mag, vor allem, wenn andere vor ihm davonrennen, was zu seinem Leid nur selten vorkommt. Aber was nicht ist, kann ja noch werden. Flöckchen trabt ganz nah zu den beiden Menschen hinüber, gefolgt von Wölkchen, welches dem Erfolg dieser Aktion skeptisch entgegenblickt. Flöckchen mag ja viel wissen, aber alles dann doch wieder nicht. Was denkt Flöckchen, was es vorhin getan hat? Geblökt und das nicht zu wenig. Was ist dabei herausgekommen? Nichts, zumindest nicht das, was es sich davon erhofft hat. Der Mensch mit dem langen Fell auf dem Kopf hat ein kleines schwarzes Ding gezückt, es ihm vor die Nase gehalten und freudig in Menschensprache geblökt. Das Ding hat dabei auch so komisch geblökt, allerdings nicht so laut wie der Mensch. Voll doof, wie Wölkchen gefunden hat. Aber Menschen wissen wahrscheinlich nicht so viel wie Schafe. Trotzdem hat das Ganze etwas Gutes an sich gehabt, denn Wölkchen hat dabei für einen Augenblick das Ding entdeckt, das seine volle

Aufmerksamkeit geweckt hat. Beim besonders wagemutigen Versuch, das Ding probeweise anzuknabbern, ist der langbefellte Mensch jedoch in Panik geraten und hat hysterisch in der Luft herumgefuchtelt, sodass sich einige Möwen in ihrem Flug gestört gefühlt haben und Wölkchen schnellstmöglich das Weite gesucht hat, das auf dem Deich bekanntlich reichlich vorhanden ist.

Die beiden Menschen liegen tatsächlich auf etwas. Jetzt ist Flöckchen wirklich gespannt, worum es sich dabei handelt. So gibt es Wölkchen ein Zeichen und auf Los fangen die beiden an zu blöken wie nie zuvor. Der erhoffte Effekt tritt auch ein, wenn auch etwas verzögert. Die Menschen halten in ihrem Tun inne, aber sie rennen nicht weg. Der andere Mensch, der komischerweise gar kein Fell auf seinem Kopf hat, steht auf und glotzt die beiden Schafe nur an. Der langbefellte Mensch allerdings findet die Aktion nicht so spaßig und hüpft blökend davon. Flöckchen sieht die Gelegenheit gekommen und senkt seinen Kopf gefährlich weit in Richtung des Bodens. Angriff ist angesagt, wobei Flöckchen sich nicht sicher ist, ob der felllose Mensch sich davon beeindrucken lässt. Er tut es auch nicht, dennoch versucht er den langbefellten Mensch zu beruhigen, indem er ihm hinterhergaloppiert. Und da sieht Flöckchen, was Wölkchen gemeint haben könnte. Auf dem Deichboden liegt etwas nebelartiges mit etwas darauf, das aussieht wie ein Mond. Plötzlich wird Flöckchen grasklar, was Wölkchen wirklich gemeint hat – die Antwort auf die wichtigste Frage im Leben eines Schafes liegt ihnen buchstäblich vor den Hufen.

Wölkchen ist außer sich vor Freude, schnappt sich das Ding kurzerhuf und galoppiert damit so schnell es kann davon. Hektik bricht bei den Menschen aus, doch sie sind unfähig, etwas zu unternehmen. Sie zeigen laut blökend Wölkchen hinterher, während Flöckchen unbeteiligt stehenbleibt und Wölkchen so unschuldig wie es kann hinterherschaut. Flöckchen hätte einen solchen Mut Wölkchen nicht zugetraut, vor allem hat es Geistesgegenwart bewiesen und sich ohne zu zögern die Gunst der Sekunde zunutze gemacht. Aber nicht nur die Schafe profitieren von dieser Aktion. Die Menschen haben einen Kübel bei sich, der beim Davonrennen der beiden umgekippt ist. Die Möwen, welche das Treiben aus sicherer Entfernung mit Interesse beobachtet haben, stürzen sich mit lautem Gekreisch auf den Inhalt dieses Kübels. Es herrscht ein wildes Durcheinander von Möwen, sodass die beiden Menschen endgültig davonrennen. Möwen scheinen gefährlicher zu sein als Schafe, denkt Flöckchen und wendet sich ab. Menschen sind eigenartig, aber wen interessiert das schon? Bestimmt kein Schaf.

Wölkchen steht triumphierend neben seiner Beute, die wie ein dünner Nebel auf dem Gras liegt. Flöckchen schnuppert erst mal probehalber daran, doch es findet den Geruch nicht besonders attraktiv. Aber was auf dem Nebel zu sehen ist, das hingegen sieht interessant aus. Das Ding auf dem Nebel sieht, und dazu braucht man nicht viel Fantasie, aus wie ein Mond.

«Siehst du was ich sehe?», fragt Wölkchen mit glänzenden Augen. «Wir brauchen nicht mehr darauf zu warten, dass wir Wolkenschafe werden um eine Antwort auf die wichtigste Frage im Leben eines Schafes zu erhalten. Da liegt er vor uns und wartet nur darauf, angeknabbert zu werden! Der Mond!»

Flöckchen ist sich nicht so sicher, ob dies die ultimative Lösung ist, aber es kann ja sein, dass das Finden von Antworten nicht immer lange auf sich warten lassen muss. Es erscheint Flöckchen zwar eigenartig, den Mond anzuknabbern, während die Sonne ihnen die Wolle wärmt, doch man darf nicht immer alles so tierisch ernst nehmen.

Flöckchen gibt sich selber einen Schubs und wagt einen ersten Bissen, während Wölkchen sich beherrschen muss um vor lauter Freude nicht zu platzen. Flöckchen hat sich den Geschmack des Mondes anders vorgestellt, vor allem dessen Konsistenz. Der erbeutete Mond erweist sich als ziemlich zäh und geschmacklos. Vielleicht sollte Flöckchen trotz dieser Erfahrung darauf warten, eines Tages als Wolkenschaf den bekannten Mond hoch oben am Himmel zu versuchen, doch es will Wölkchens Freude nicht schmälern. So gibt sich Flöckchen erfreut über die Gelegenheit, schon mal im Voraus dank Wölkchen auf den Geschmack des Mondes gekommen zu sein.

Wölkchen legt sich, als der Abend anfängt, den Deich und alles darauf Befindliche mit zunehmender Dunkelheit einzuhüllen, völlig erschöpft hin und schläft rasch ein, während Flöckchens Bauch lautstark gegen das Ungewöhnliche, welches es mit so viel Interesse gefressen hat, zu rebellieren beginnt. Flöckchen betrachtet seinen jungen Freund liebevoll und gleitet, während es mit einem unangenehmen Geschmack im Maul neben Wölkchen lagert, wie von selbst auf seine Traumwiese, wo es seine Freunde trifft und das Gras besser nicht munden könnte. Flöckchen hat an diesem Tag eine elementare Erkenntnis gewonnen, nämlich, dass man mit Liebe alles erreichen kann. Es braucht so wenig, um zu geben und man bekommt so viel zurück, man muss es nur wollen, denn das ist keine Frage des Könnens.

Als Schluss habe ich mir dieses Gedicht aufgehoben, welches ich anlässlich meines Urlaubes in Westerhever an der Nordsee 2016 in ein Gästebuch geschrieben hatte. Während dieses Aufenthaltes war ich, während ich auf dem Deich bei Stufhusen auf einer Bank saß und die um mich herum grasenden Schafe beobachtete, von der Idee, ihnen eines Tages dieses nun vorliegende Buch zu widmen, heimgesucht worden. Sechs Jahre später, habe ich der Idee – endlich - Taten folgen lassen, frei nach dem Motto: Was lange währt, wird endlich gut.

Nordfriesland

Wattenmeer und steife Brisen,

Kälte, Schnee und Graupel,

Zugvögel in großen Scharen,

tröstlich die vielen Schafe auf salzigen Wiesen.

Nordfriesland – meine große Leidenschaft,

wie gern möchte ich bleiben – zumindest wiederkehren

beklagenswert nur, dass zwischen dem Hier und der Heimat,

eine zu große Distanz klafft.

So bleibt manch schöne Erinnerung,

an unendliche Weiten – den ebensolchen Himmel,

an das Land der Schafe und den Deichen,

auch ewig verbunden mit Theodor Storm's

berühmten Reiter auf dem weißen Schimmel.